Siete noches

Siete noches

Jorge Luis Borges

Lumen
―――――
narrativa

El papel utilizado para la impresión de este libro ha sido fabricado a partir de madera procedente de bosques y plantaciones gestionadas con los más altos estándares ambientales, garantizando una explotación de los recursos sostenible con el medio ambiente y beneficiosa para las personas.

Siete noches

Primera edición en Argentina: diciembre de 2018
Segunda edición en Argentina: agosto de 2022
Primera edición en México: agosto de 2023

D. R. © 1995, 1996, María Kodama
All rights reserved

D. R. © 2011, de la edición en castellano para España y América Latina:
Random House Monadori S. A.

D. R. © 2018, Penguin Random House Grupo Editorial, S. A. U.
Travessera de Gràcia, 47-49, 08021, Barcelona

D. R. © 2011, Editorial Sudamericana S. A.

D. R. © 2018, Penguin Random House Grupo Editorial, S. A.
Humberto I 555, Buenos Aires

D. R. © 2023, derechos de edición mundiales en lengua castellana:
Penguin Random House Grupo Editorial, S. A. de C. V.
Blvd. Miguel de Cervantes Saavedra núm. 301, 1er piso,
colonia Granada, alcaldía Miguel Hidalgo, C. P. 11520,
Ciudad de México

penguinlibros.com

Diseño de colección: Penguin Random House Grupo Editorial / Rompo

Penguin Random House Grupo Editorial apoya la protección del *copyright*.
El *copyright* estimula la creatividad, defiende la diversidad en el ámbito de las ideas y el conocimiento, promueve la libre expresión y favorece una cultura viva. Gracias por comprar una edición autorizada de este libro y por respetar las leyes del Derecho de Autor y *copyright*. Al hacerlo está respaldando a los autores y permitiendo que PRHGE continúe publicando libros para todos los lectores.

Queda prohibido bajo las sanciones establecidas por las leyes escanear, reproducir total o parcialmente esta obra por cualquier medio o procedimiento así como la distribución de ejemplares mediante alquiler o préstamo público sin previa autorización.
Si necesita fotocopiar o escanear algún fragmento de esta obra diríjase a CemPro (Centro Mexicano de Protección y Fomento de los Derechos de Autor, https://cempro.com.mx).

ISBN: 978-607-383-448-3

Impreso en México – *Printed in Mexico*

ÍNDICE

La Divina Comedia...9
La pesadilla 41
Las mil y una noches 67
El budismo.. 91
La poesía 119
La cábala 147
La ceguera.. 167

LA DIVINA COMEDIA

Paul Claudel ha escrito en una página indigna de Paul Claudel que los espectáculos que nos aguardan más allá de la muerte corporal no se parecerán, sin duda, a los que muestra Dante en el Infierno, en el Purgatorio y en el Paraíso. Esta curiosa observación de Claudel, en un artículo por lo demás admirable, puede ser comentada de dos modos.

En primer término, vemos en esta observación una prueba de la intensidad del texto de Dante, el hecho de que una vez leído el poema y mientras lo leemos tendemos a pensar que él se imaginaba el otro mundo exactamente como lo presenta. Fatalmente creemos que Dante se imaginaba que una vez muerto, se encontraría con la montaña inversa del Infierno o con las terrazas del Purgatorio o con los cielos concéntricos del Paraíso. Además, hablaría con sombras (sombras de la Antigüedad clásica) y algunas conversarían con él en tercetos en italiano.

Ello es evidentemente absurdo. La observación de Claudel corresponde no a lo que razonan los lectores (porque razonándola se darían cuenta de que es absurda) sino a lo que sienten y a lo que puede alejarlos del placer, del intenso placer de la lectura de la obra.

Para refutarla, abundan testimonios. Uno es la declaración que se atribuye al hijo de Dante. Dijo que su padre se había propuesto mostrar la vida de los pecadores bajo la imagen del Infierno, la vida de los penitentes bajo la imagen del Purgatorio y la vida de los justos bajo la imagen del Paraíso. No leyó de un modo literal. Tenemos, además, el testimonio de Dante en la epístola dedicada a Can Grande della Scala.

La epístola ha sido considerada apócrifa, pero de cualquier modo no puede ser muy posterior a Dante y, sea lo que fuere, es fidedigna de su época. En ella se afirma que la *Comedia* puede ser leída de cuatro modos. De esos cuatro modos, uno es el literal; otro, el alegórico. Según éste, Dante sería el símbolo del hombre, Beatriz el de la fe y Virgilio el de la razón.

La idea de un texto capaz de múltiples lecturas es característica de la Edad Media, esa Edad Media tan calumniada y compleja que nos ha dado la arquitectura gótica, las sagas de Islandia y la filosofía escolástica en la que todo está discutido. Que nos dio, sobre todo, la *Comedia*, que seguimos leyendo y que nos sigue asombrando, que durará más allá de nuestra vida, mucho más allá de nuestras vigilias y que será enriquecida por cada generación de lectores.

Conviene recordar aquí a Escoto Erígena, que dijo que la Escritura es un texto que encierra infinitos sentidos y que puede ser comparado con el plumaje tornasolado del pavo real.

Los cabalistas hebreos sostuvieron que la Escritura ha sido escrita para cada uno de los fieles; lo cual no es increíble si pensamos que el autor del texto y el autor de los lectores es el mismo: Dios. Dante no tuvo por qué suponer que lo que él nos muestra corresponde a una imagen real del mundo de la muerte. No hay tal cosa. Dante no pudo pensar eso.

Creo, sin embargo, en la conveniencia de ese concepto ingenuo, ese concepto de que estamos leyendo un relato verídico. Sirve para que nos dejemos llevar por la lectura. De mí sé decir que soy lector hedónico; nunca he leído un libro porque fuera antiguo. He leído libros por la emoción estética que me deparan y he postergado los comentarios y las críticas. Cuando leí por primera vez la *Comedia*, me dejé llevar por la lectura. He leído la *Comedia* como he leído otros libros menos famosos. Quiero confiarles, ya que estamos entre amigos, y ya que no estoy hablando con todos ustedes sino con cada uno de ustedes, la historia de mi comercio personal con la *Comedia*.

Todo empezó poco antes de la dictadura. Yo estaba empleado en una biblioteca del barrio de Almagro. Vivía en Las Heras y Pueyrredón, tenía que recorrer en lentos y solitarios tranvías el largo trecho que desde ese barrio del Norte va hasta Almagro Sur, a una biblioteca situada en la Avenida La Plata y Carlos Calvo. El azar (salvo que no hay azar, salvo que lo que llamamos azar es nuestra ignorancia de la compleja maquinaria de la causalidad) me hizo encontrar tres pequeños volúmenes en la Librería Mitchell, hoy desaparecida, que me trae tantos recuerdos. Esos tres volúmenes (yo debería haber traído uno como talismán, ahora) eran los tomos del Infierno, del Purgatorio y del Paraíso, vertidos al inglés por Carlyle, no por Thomas Carlyle, del que hablaré luego. Eran libros muy cómodos, editados por Dent. Cabían en mi bolsillo. En una página estaba el texto italiano y en la otra el texto en inglés, vertido literalmente. Imaginé este *modus operandi*: leía primero un versículo, un terceto, en prosa inglesa; luego leía el mismo versículo, el mismo terceto, en italiano; iba siguiendo así hasta llegar al fin del canto. Luego leía todo el canto en inglés y luego en italiano. En esa primera lectura comprendí que las traducciones no pueden ser un sucedáneo del texto original. La traducción puede ser, en todo caso, un medio y un estímulo para acercar al lector al original; sobre todo, en el caso del español. Creo que Cervantes, en alguna parte del *Quijote*, dice que con dos ochavos de lengua toscana uno puede entender a Ariosto.

Pues bien; esos dos ochavos de lengua toscana me fueron dados por la semejanza fraterna del italiano y el español. Ya entonces observé que los versos, sobre todo los grandes versos de Dante, son mucho más de lo que significan. El verso es, entre tantas otras cosas, una entonación, una acentuación muchas veces intraducible. Eso lo observé desde el principio. Cuando llegué a la cumbre del Paraíso, cuando llegué al Paraíso desierto, ahí, en aquel momento en que Dante está abandonado por Virgilio y se encuentra solo y lo llama, en aquel momento sentí que podía leer directamente el texto italiano y sólo mirar de vez en cuando el texto inglés. Leí así los tres volúmenes en esos lentos viajes de tranvía. Después leí otras ediciones.

He leído muchas veces la *Comedia*. La verdad es que no sé italiano, no sé otro italiano que el que me enseñó Dante y que el que me enseñó, después, Ariosto cuando leí el *Furioso*. Y luego el más fácil, desde luego, de Croce. He leído casi todos los libros de Croce y no siempre estoy de acuerdo con él, pero siento su encanto. El encanto es, como dijo Stevenson, una de las cualidades esenciales que debe tener el escritor. Sin el encanto, lo demás es inútil.

Leí muchas veces la *Comedia*, en distintas ediciones, y pude gozar de los comentarios. De todas ellas, dos me reservo particularmente: la de Momigliano y la de Grabher. Recuerdo también la de Hugo Steiner.

Leía todas las ediciones que encontraba y me distraía con los distintos comentarios, las distintas interpretaciones de esa obra múltiple. Comprobé que en las ediciones más antiguas predomina el comentario teológico; en las del siglo XIX, el histórico, y actualmente el estético, que nos hace notar la acentuación de cada verso, una de las máximas virtudes de Dante.

Se ha comparado a Milton con Dante, pero Milton tiene una sola música: es lo que se llama en inglés "un estilo sublime". Esa música es siempre la misma, más allá de las emociones de los personajes. En cambio en Dante, como en Shakespeare, la música va siguiendo las emociones. La entonación y la acentuación son lo principal, cada frase debe ser leída y es leída en voz alta.

Digo es leída en voz alta porque cuando leemos versos que son realmente admirables, realmente buenos, tendemos a hacerlo en voz alta. Un verso bueno no permite que se lo lea en voz baja, o en silencio. Si podemos hacerlo, no es un verso válido: el verso exige la pronunciación. El verso siempre recuerda que fue un arte oral antes de ser un arte escrito, recuerda que fue un canto.

Hay dos frases que lo confirman. Una es la de Homero o la de los griegos que llamamos Homero, que dice en la *Odisea*: "Los dioses tejen desventuras para los hombres para que las generaciones venideras tengan algo que cantar". La otra, muy posterior, es de Mallarmé y repite lo que dijo Homero menos bellamente; *tout aboutit en un livre*, "todo para en un libro". Aquí tenemos las dos diferencias; los griegos hablan de generaciones que cantan, Mallarmé habla de un objeto, de una cosa entre las cosas, un libro. Pero la idea es la misma, la idea de que nosotros estamos hechos para el arte, estamos hechos para la memoria, estamos hechos para la poesía o posiblemente estamos hechos para el olvido. Pero algo queda y ese algo es la historia o la poesía, que no son esencialmente distintas.

Carlyle y otros críticos han observado que la intensidad es la característica más notable de Dante. Y si pensamos en los cien cantos del poema parece realmente un milagro que esa intensidad no decaiga, salvo en algunos lugares del Paraíso que para el poeta fueron luz y para nosotros sombra. No recuerdo ejemplo análogo de otro escritor, únicamente quizá en *La tragedia de Macbeth* de Shakespeare, que empieza con las tres brujas o las tres parcas o las tres hermanas fatales y que luego sigue hasta la muerte del héroe y en ningún momento afloja la intensidad.

Quiero recordar otro rasgo: la delicadeza de Dante. Siempre pensamos en el sombrío y sentencioso poema florentino y olvidamos que la obra está llena de delicias, de deleites, de ternuras. Esas ternuras son parte de la trama de la obra. Por ejemplo,

Dante habrá leído en algún libro de geometría que el cubo es el más firme de los volúmenes. Es una observación corriente que no tiene nada de poética y sin embargo Dante la usa como una metáfora del hombre que debe soportar la desventura: *buon tetragono a i colpe di fortuna*; el hombre es un buen tetrágono, un cubo, y eso es realmente raro.

Recuerdo asimismo la curiosa metáfora de la flecha. Dante quiere hacernos sentir la velocidad de la flecha que deja el arco y da en el blanco. Nos dice que se clava en el blanco y que sale del arco y que deja la cuerda; invierte el principio y el fin para mostrar cuán rápidamente ocurren esas cosas.

Hay un verso que está siempre en mi memoria. Es aquel del primer canto del Purgatorio que se refiere a esa mañana, esa mañana increíble en la montaña del Purgatorio, en el Polo Sur. Dante, que ha salido de la suciedad, de la tristeza y el horror del Infierno, dice *dolce color d'oriëntal zaffiro*. El verso impone esa lentitud a la voz. Hay que decir oriëntal:

dolce color d'oriëntal zaffiro
che s'accoglieva nel sereno aspetto
del mezzo puro infino al primo giro.

Quisiera demorarme sobre el curioso mecanismo de ese verso, salvo que la palabra "mecanismo" es demasiado dura para lo que quiero decir. Dante describe el cielo oriental, describe la aurora y compara el color de la aurora con el del zafiro. Y lo compara con un zafiro que se llama "zafiro oriental", zafiro del Oriente. En *dolce color d'oriëntal zaffiro* hay un juego de espejos, ya que el Oriente se explica por el color del zafiro y ese zafiro es un "zafiro oriental". Es decir, un zafiro que está cargado de la riqueza de la palabra "oriental"; está lleno, digamos, de *Las mil y una noches* que Dante no conoció pero que sin embargo ahí están.

Recordaré también el famoso verso final del canto v del *Infierno: e caddi come corpo morto cade.* ¿Por qué retumba la caída? La caída retumba por la repetición de la palabra "cae".

Toda la *Comedia* está llena de felicidades de ese tipo. Pero lo que la mantiene es el hecho de ser narrativa. Cuando yo era joven se despreciaba lo narrativo, se lo llamaba anécdota y se olvidaba que la poesía empezó siendo narrativa, que en las raíces de la poesía está la épica y la épica es el género poético primordial, narrativo. En la épica está el tiempo, en la épica hay un antes, un mientras y un después; todo eso está en la poesía.

Yo aconsejaría al lector el olvido de las discordias de los güelfos y gibelinos, el olvido de la escolástica, incluso el olvido de las alusiones mitológicas y de los versos de Virgilio que Dante repite, a veces mejorándolos, excelentes como son en latín. Conviene, por lo menos al principio, atenerse al relato. Creo que nadie puede dejar de hacerlo.

Entramos, pues, en el relato, y entramos de un modo casi mágico porque actualmente, cuando se cuenta algo sobrenatural, se trata de un escritor incrédulo que se dirige a lectores incrédulos y tiene que preparar lo sobrenatural. Dante no necesita eso: *Nel mezzo del cammin di nostra vita / mi ritrovai per una selva oscura.* Es decir, a los treinta y cinco años "me encontré en mitad de una selva oscura" que puede ser alegórica, pero en la cual creemos físicamente: a los treinta y cinco años, porque la Biblia aconseja la edad de setenta a los hombres prudentes. Se entiende que después todo es yermo, *bleak*, como se llama en inglés, todo es ya tristeza, zozobra. De modo que, cuando Dante escribe *nel mezzo del cammin di nostra vita*, no ejerce una vaga retórica: está diciéndonos exactamente la fecha de la visión, la de los treinta y cinco años.

No creo que Dante fuera un visionario. Una visión es breve. Es imposible una visión tan larga como la de la *Comedia*. La visión fue voluntaria: debemos abandonarnos a ella y leerla, con fe poética. Dijo Coleridge que la fe poética es una voluntaria suspensión de la incredulidad. Si asistimos a una representación de teatro sabemos que en el escenario hay hombres disfrazados que repiten las palabras de Shakespeare, de Ibsen o de Pirandello que les han puesto en la boca. Pero nosotros aceptamos que esos hombres no son disfrazados; que ese hombre disfrazado que monologa lentamente en las antesalas de la venganza es realmente el príncipe de Dinamarca, Hamlet; nos abandonamos. En el cinematógrafo es aún más curioso el procedimiento, porque estamos viendo no ya al disfrazado sino fotografías de disfrazados y sin embargo creemos en ellos mientras dura la proyección.

En el caso de Dante, todo es tan vívido que llegamos a suponer que creyó en su otro mundo, de igual modo como bien pudo creer en la geografía geocéntrica o en la astronomía geocéntrica y no en otras astronomías.

Conocemos profundamente a Dante por un hecho que fue señalado por Paul Groussac: porque la *Comedia* está escrita en primera persona. No es un mero artificio gramatical, no significa decir "vi" en lugar de "vieron" o de "fue". Significa algo más, significa que Dante es uno de los personajes de la *Comedia*. Según Groussac, fue un rasgo nuevo. Recordemos que, antes de Dante, San Agustín escribió sus *Confesiones*. Pero estas confesiones, precisamente por su retórica espléndida, no están tan cerca de nosotros como lo está Dante, ya que la espléndida retórica del africano se interpone entre lo que quiere decir y lo que nosotros oímos.

El hecho de una retórica que se interpone es desgraciadamente frecuente. La retórica debería ser un puente, un camino; a veces es una muralla, un obstáculo. Lo cual se observa en escritores tan distintos como Séneca, Quevedo, Milton o Lugones. En todos ellos las palabras se interponen entre ellos y nosotros.

A Dante lo conocemos de un modo más íntimo que sus contemporáneos. Casi diría que lo conocemos como lo conoció Virgilio, que fue un sueño suyo. Sin duda, más de lo que lo pudo conocer Beatriz Portinari; sin duda, más que nadie. Él se coloca ahí y está en el centro de la acción. Todas las cosas no sólo son vistas por él, sino que él toma parte. Esa parte no siempre está de acuerdo con lo que describe y es lo que suele olvidarse.

Vemos a Dante aterrado por el Infierno; tiene que estar aterrado no porque fuera cobarde sino po que es necesario que esté aterrado para que creamos en el Infierno. Dante está aterrado, siente miedo, opina sobre las cosas. Sabemos lo que opina no por lo que dice sino por lo poético, por la entonación, por la acentuación de su lenguaje.

Tenemos el otro personaje. En verdad, en la *Comedia* hay tres, pero ahora hablaré del segundo. Es Virgilio. Dante ha logrado que tengamos dos imágenes de Virgilio: una, la imagen que nos deja la *Eneida* o que nos dejan las *Geórgicas*; la otra, la imagen más íntima que nos deja la poesía, la piadosa poesía de Dante.

Uno de los temas de la literatura, como uno de los temas de la realidad, es la amistad. Yo diría que la amistad es nuestra pasión argentina. Hay muchas amistades en la literatura, que está tejida de amistades. Podemos evocar algunas. ¿Por qué no pensar en Quijote y Sancho, o en Alonso Quijano y Sancho, ya que para Sancho "Alonso Quijano" es *Alonso Quijano* y sólo al fin llega a ser *Don Quijote*? ¿Por qué no pensar en Fierro y Cruz, en nuestros dos gauchos que se pierden en la frontera? ¿Por qué no pensar en el viejo tropero y en Fabio Cáceres? La amistad es un tema común, pero generalmente los escritores suelen recurrir al contraste de los dos amigos. He olvidado otros dos amigos ilustres, Kim y el lama, que también ofrecen el contraste.

En el caso de Dante, el procedimiento es más delicado. No es exactamente un contraste, aunque tenemos la actitud filial: Dante viene a ser un hijo de Virgilio y al mismo tiempo es superior a Virgilio porque se cree salvado. Cree que merecerá la gracia o que la ha merecido, ya que le ha sido dada la visión. En cambio, desde el comienzo del Infierno sabe que Virgilio es un alma perdida, un réprobo; cuando Virgilio le dice que no podrá acompañarlo más allá del Purgatorio, siente que el latino será para siempre un habitante del terrible *nobile castello* donde están las grandes sombras de los grandes muertos de la Antigüedad, los que por ignorancia invencible no alcanzaron la palabra de Cristo. En ese mismo momento, Dante dice: *Tu, duca; tu, signore; tu, maestro...* Para cubrir ese momento, Dante lo saluda con palabras magníficas y habla del largo estudio y del gran amor que le han hecho buscar su volumen y siempre se mantiene esa relación entre los dos. Esa figura esencialmente triste de Virgilio, que se sabe condenado a habitar para siempre en el *nobile cas-*

tello lleno de la ausencia de Dios... En cambio, a Dante le será permitido ver a Dios, le será permitido comprender el universo.

Tenemos, pues, esos dos personajes. Luego hay miles, centenares, una multitud de personajes de los que se ha dicho que son episódicos. Yo diría que son eternos.

Una novela contemporánea requiere quinientas o seiscientas páginas para hacernos conocer a alguien, si es que lo conocemos. A Dante le basta un solo momento. En ese momento el personaje está definido para siempre. Dante busca ese momento central inconscientemente. Yo he querido hacer lo mismo en muchos cuentos y he sido admirado por ese hallazgo, que es el hallazgo de Dante en la Edad Media, el de presentar un momento como cifra de una vida. En Dante tenemos esos personajes, cuya vida puede ser la de algunos tercetos y sin embargo esa vida es eterna. Viven en una palabra, en un acto, no se precisa más; son parte de un canto, pero esa parte es eterna. Siguen viviendo y renovándose en la memoria y en la imaginación de los hombres.

Dijo Carlyle que hay dos características de Dante. Desde luego hay más, pero dos son esenciales: la ternura y el rigor (salvo que la ternura y el rigor no se contraponen, no son opuestos). Por un lado, está la ternura humana de Dante, lo que Shakespeare llamaría *the milk of human kindness*, "la leche de la bondad humana". Por el otro lado está el saber que somos habitantes de un mundo riguroso, que hay un orden. Ese orden corresponde al Otro, al tercer interlocutor.

Recordemos dos ejemplos. Vamos a tomar el episodio más conocido del *Infierno*, el del canto v, el de Paolo y Francesca. No pretendo abreviar lo que Dante ha dicho —sería una irreverencia mía decir en otras palabras lo que él ha dicho para siempre en su italiano—; quiero recordar simplemente las circunstancias.

Dante y Virgilio llegan al segundo círculo (si mal no recuerdo) y ahí ven el remolino de almas y sienten el hedor del pecado, el hedor del castigo. Hay circunstancias físicas desagradables. Por ejemplo Minos, que se enrosca la cola para significar a qué círculo tienen que bajar los condenados. Eso es deliberadamente feo porque se entiende que nada puede ser hermoso en el Infierno. Al llegar a ese círculo en el que están penando los lujuriosos, hay grandes nombres ilustres. Digo "grandes nombres" porque Dante, cuando empezó a escribir el canto, no había llegado aún a la perfección de su arte, al hecho de hacer que los personajes fueran algo más que sus nombres. Sin embargo, esto le sirvió para describir al *nobile castello*.

Vemos a los grandes poetas de la Antigüedad. Entre ellos está Homero, espada en mano. Cambian palabras que no es honesto repetir. Está el silencio, porque todo condice con ese terrible pudor de quienes están condenados al Limbo, de quienes no verán nunca el rostro de Dios. Cuando llegamos al canto V, Dante ha llegado a su gran descubrimiento: la posibilidad de un diálogo entre las almas de los muertos y el Dante que los sentirá y juzgará a su modo. No, no los juzgará: él sabe que no es el Juez, que el Juez es el Otro, un tercer interlocutor, la Divinidad.

Pues bien: ahí están Homero, Platón, otros grandes hombres ilustres. Pero Dante ve a dos que él no conoce, menos ilustres, y que pertenecen al mundo contemporáneo: Paolo y Francesca. Sabe cómo han muerto ambos adúlteros, los llama y ellos acuden. Dante nos dice: *Quali colombe dal disio chiamate*. Estamos ante dos réprobos y Dante los compara con dos palomas llamadas por el deseo, porque la sensualidad tiene que estar también en lo esencial de la escena. Se acercan a él y Francesca, que es la única que habla (Paolo no puede hacerlo), le agradece que los haya llamado y le dice estas palabras patéticas: *Se fosse amico il Re dell'universo / noi pregheremmo lui per la tua pace*, "si fuese amigo el Rey del universo (dice Rey del universo porque no puede decir Dios, ese nombre está vedado en el Infierno y en el Purgatorio), le rogaríamos por tu paz", ya que tú te apiadas de nuestros males.

Francesca cuenta su historia y la cuenta dos veces. La primera la cuenta de un modo reservado, pero insiste en que ella sigue estando enamorada de Paolo. El arrepentimiento está vedado en el Infierno; ella sabe que ha pecado y sigue fiel a su pecado, lo que le da una grandeza heroica. Sería terrible que se arrepintiera, que se quejara de lo ocurrido. Francesca sabe que el castigo es justo, lo acepta y sigue amando a Paolo.

Dante tiene una curiosidad. *Amor condusse noi ad una morte*: Paolo y Francesca han sido asesinados juntos. A Dante no le interesa el adulterio, no le interesa el modo como fueron descubiertos ni ajusticiados: le interesa algo más íntimo, y es saber cómo supieron que estaban enamorados, cómo se enamoraron, cómo llegó el tiempo de los dulces suspiros. Hace la pregunta.

Apartándome de lo que estoy diciendo, quiero recordar una estrofa, quizá la mejor estrofa de Leopoldo Lugones, inspirada sin duda en el canto v del Infierno. Es la primera cuarteta de "Alma venturosa", uno de los sonetos de *Las horas doradas*, de 1922:

> *Al promediar la tarde de aquel día,*
> *Cuando iba mi habitual adiós a darte,*
> *Fue una vaga congoja de dejarte*
> *Lo que me hizo saber que te quería.*

Un poeta inferior hubiera dicho que el hombre siente una gran tristeza al despedirse de la mujer, y hubiera dicho que se veían raramente. En cambio, aquí, "cuando iba mi habitual adiós a darte" es un verso torpe, pero eso no importa; porque decir "un habitual adiós" expresa que se veían frecuentemente, y luego "fue una vaga congoja de dejarte / lo que me hizo saber que te quería".

El tema es esencialmente el mismo del canto v: dos personas que descubren que están enamoradas y que no lo sabían. Es lo que Dante quiere saber, y quiere que le cuente cómo ocurrió. Ella le refiere que leían un día, para deleitarse, sobre Lancelote y cómo lo aquejaba el amor. Estaban solos y no sospechaban nada. ¿Qué es lo que no sospechaban? No sospechaban que estaban enamorados. Y estaban leyendo una historia de *La matière de Bretagne*, uno de esos libros que imaginaron los britanos en Francia después de la invasión sajona. Esos libros que alimentaron la locura de Alonso Quijano y que revelaron su amor culpable a Paolo y Francesca. Pues bien: Francesca declara que a veces se ruborizaban, pero que hubo un momento, *quando leggemmo il disiato riso*, "cuando leímos la deseada sonrisa", en que fue besada por tal amante; éste que no se separará nunca de mí, la boca me besó, *tutto tremante*.

Hay algo que no dice Dante, que se siente a lo largo de todo el episodio y que quizá le da su virtud. Con infinita piedad, Dante nos refiere el destino de los dos amantes y sentimos que él envidia ese destino. Paolo y Francesca están en el Infierno, él se salvará, pero ellos se han querido y él no ha logrado el amor de la mujer que ama, de Beatriz. En esto hay una jactancia también, y Dante tiene que sentirlo como algo terrible, porque él ya está ausente de ella. En cambio, esos dos réprobos están juntos, no pueden hablarse, giran en el negro remolino sin ninguna esperanza, ni siquiera nos dice Dante la esperanza de que los sufrimientos cesen, pero están juntos. Cuando ella habla, usa el *nosotros*: habla por los dos, otra forma de estar juntos. Están juntos para la eternidad, comparten el Infierno y eso para Dante tiene que haber sido una suerte de Paraíso.

Sabemos que está muy emocionado. Luego cae como un cuerpo muerto.

Cada uno se define para siempre en un solo instante de su vida, un momento en el que un hombre se encuentra para siempre consigo mismo. Se ha dicho que Dante es cruel con Francesca, al condenarla. Pero esto es ignorar al Tercer Personaje. El dictamen de Dios no siempre coincide con el sentimiento de Dante. Quienes no comprenden la *Comedia* dicen que Dante la escribió para vengarse de sus enemigos y premiar a sus amigos. Nada más falso. Nietzsche dijo falsísimamente que Dante es la hiena que versifica entre las tumbas. La hiena que versifica es una contradicción; por otra parte, Dante no se goza con el dolor. Sabe que hay pecados imperdonables, capitales. Para cada uno elige una persona que ha cometido ese pecado, pero que en todo lo demás puede ser admirable o adorable. Francesca y Paolo sólo son lujuriosos. No tienen otro pecado, pero uno basta para condenarlos.

La idea de Dios como indescifrable es un concepto que ya encontramos en otro de los libros esenciales de la humanidad. En el *Libro de Job*, ustedes recordarán cómo Job condena a Dios, cómo sus amigos lo justifican y cómo al fin Dios habla desde el torbellino y rechaza por igual a quienes lo justifican y a quienes lo acusan.

Dios está más allá de todo juicio humano y para ayudarnos a comprenderlo se sirve de dos ejemplos extraordinarios: el de la ballena y el del elefante. Busca estos monstruos para significar que no son menos monstruosos para nosotros que el Leviatán y el Behemot (cuyo nombre es plural y significa muchos animales en hebreo). Dios está más allá de todos los juicios humanos y así lo declara Él mismo en el *Libro de Job*. Y los hombres se humillan ante Él porque se han atrevido a juzgarlo, a justificarlo. No lo precisa. Dios está, como diría Nietzsche, más allá del bien y del mal. Es otra categoría.

Si Dante hubiera coincidido siempre con el Dios que imagina, se vería que es un Dios falso, simplemente una réplica de Dante. En cambio, Dante tiene que aceptar ese Dios, como tiene que aceptar que Beatriz no lo haya querido, que Florencia es infame, como tendrá que aceptar su destierro y su muerte en

Ravena. Tiene que aceptar el mal del mundo al mismo tiempo que tiene que adorar a ese Dios que no entiende.

Hay un personaje que falta en la *Comedia* y que no podía estar porque hubiera sido demasiado humano. Ese personaje es Jesús. No aparece en la *Comedia* como aparece en los Evangelios: el humano Jesús de los Evangelios no puede ser la Segunda Persona de la Trinidad que la *Comedia* exige.

Quiero llegar, por fin, al segundo episodio, que es para mí el más alto de la *Comedia*. Se encuentra en el canto XXVI. Es el episodio de Ulises. Yo escribí una vez un artículo titulado "El enigma de Ulises". Lo publiqué, lo perdí después y ahora voy a tratar de reconstruirlo. Creo que es el más enigmático de los episodios de la *Comedia* y quizá el más intenso, salvo que es muy difícil, tratándose de cumbres, saber cuál es la más alta y la *Comedia* está hecha de cumbres.

Si he elegido la *Comedia* para esta primera conferencia es porque soy un hombre de letras y creo que el ápice de la literatura y de las literaturas es la *Comedia*. Eso no implica que coincida con su teología ni que esté de acuerdo con sus mitologías. Tenemos la mitología cristiana y la pagana barajadas.

No se trata de eso. Se trata de que ningún libro me ha deparado emociones estéticas tan intensas. Y yo soy un lector hedónico, lo repito; busco emoción en los libros.

La *Comedia* es un libro que todos debemos leer. No hacerlo es privarnos del mejor don que la literatura puede darnos, es entregarnos a un extraño ascetismo. ¿Por qué negarnos la felicidad de leer la *Comedia*? Además, no se trata de una lectura difícil. Es difícil lo que está detrás de la lectura: las opiniones, las discusiones; pero el libro es en sí un libro cristalino. Y está el personaje central, Dante, que es quizá el personaje más vívido de la literatura y están los otros personajes. Pero vuelvo al episodio de Ulises.

Llegan a una hoya, creo que es la octava, la de los embaucadores. Hay, en principio, un apóstrofe contra Venecia, de la que se dice que bate sus alas en el cielo y en la tierra y que su nombre se dilata en el infierno. Después ven desde arriba los muchos fuegos y adentro de los fuegos, de las llamas, las almas ocultas de los embaucadores: ocultas, porque procedieron ocultando. Las llamas se mueven y Dante está por caerse. Lo sostiene Virgilio, la palabra de Virgilio. Se habla de quienes están dentro de esas llamas y Virgilio menciona dos altos nombres: el de

Ulises y el de Diomedes. Están ahí porque fraguaron juntos la estratagema del caballo de Troya que permitió a los griegos entrar en la ciudad sitiada.

Ahí están Ulises y Diomedes, y Dante quiere conocerlos. Le dice a Virgilio su deseo de hablar con estas dos ilustres sombras antiguas, con esos claros y grandes héroes antiguos. Virgilio aprueba su deseo pero le pide que lo deje hablar a él, ya que se trata de dos griegos soberbios. Es mejor que Dante no hable. Esto ha sido explicado de diversos modos. Torcuato Tasso creía que Virgilio quiso hacerse pasar por Homero. La sospecha es del todo absurda e indigna de Virgilio porque Virgilio cantó a Ulises y a Diomedes y si Dante los conoció fue porque Virgilio se los hizo conocer. Podemos olvidar las hipótesis de que Dante hubiera sido despreciado por ser descendiente de Eneas o por ser un bárbaro, despreciable para los griegos. Virgilio, como Diomedes y Ulises, son un sueño de Dante. Dante está soñándolos, pero los sueña con tal intensidad, de un modo tan vívido, que puede pensar que esos sueños (que no tienen otra voz que la que les da, que no tienen otra forma que la que él les presta) pueden despreciarlo, a él que no es nadie, que no ha escrito aún su *Comedia*.

Dante ha entrado en el juego, como nosotros entramos: Dante también está embaucado por la *Comedia*. Piensa: éstos son claros héroes de la Antigüedad y yo no soy nadie, un pobre hombre. ¿Por qué van a hacer caso de lo que yo les diga? Entonces Virgilio les pide que cuenten cómo murieron y habla la voz del invisible Ulises. Ulises no tiene rostro, está dentro de la llama.

Aquí llegamos a lo prodigioso, a una leyenda creada por Dante, una leyenda superior a cuanto encierran la *Odisea* y la *Eneida*, o a cuanto encerrará ese otro libro en que aparece Ulises y que se llama *Sindibad del Mar* (Simbad el Marino), de *Las mil y una noches*.

La leyenda le fue sugerida a Dante por varios hechos. Tenemos, ante todo, la creencia de que la ciudad de Lisboa había sido fundada por Ulises y la creencia en las Islas Bienaventuradas en el Atlántico. Los celtas creían haber poblado el Atlántico de países fantásticos: por ejemplo, una isla surcada por un río que cruza el firmamento y que está lleno de peces y de naves que no se vuelcan sobre la tierra; por ejemplo, de una isla giratoria de fuego; por ejemplo, de una isla en la que galgos de bronce persiguen a ciervos de plata. De todo esto debe de haber tenido alguna noticia Dante; lo importante es qué hizo con estas leyendas. Originó algo esencialmente noble.

Ulises deja a Penélope y llama a sus compañeros y les dice que aunque son gente vieja y cansada, han atravesado con él miles de peligros; les propone una empresa noble, la empresa de cruzar las Columnas de Hércules y de cruzar el mar, de conocer el hemisferio austral, que, como se creía entonces, era un hemisferio de agua; no se sabía que hubiera nadie allí. Les dice que son hombres, que no son bestias; que han nacido para el coraje, para el conocimiento; que han nacido para conocer y para comprender. Ellos lo siguen y "hacen alas de sus remos"...

Es curioso que esta metáfora se encuentra también en la Odisea, que Dante no pudo conocer. Entonces navegan y dejan atrás a Ceuta y Sevilla, entran por el alto mar abierto y doblan hacia la izquierda. Hacia la izquierda, "sobre la izquierda", significa el mal en la *Comedia*. Para ascender por el Purgatorio se va por la derecha; para descender por el Infierno, por la izquierda. Es decir, el lado "siniestro" es doble; dos palabras con lo mismo. Luego se nos dice: "En la noche, ve todas las estrellas del otro hemisferio" —nuestro hemisferio, el del Sur, cargado de estrellas—. (Un gran poeta irlandés, Yeats, habla del *star-*

laden sky, del "cielo cargado de estrellas". Eso es falso en el hemisferio del Norte, donde hay pocas estrellas comparadas con las del nuestro.)

Navegan durante cinco meses y luego, al fin, ven tierra. Lo que ven es una montaña parda por la distancia, una montaña más alta que ninguna de las que habían visto. Ulises dice que la alegría se cambió en llanto, porque de la tierra sopla un torbellino y la nave se hunde. Esa montaña es la del Purgatorio, según se ve en otro canto. Dante cree que el Purgatorio (Dante simula creer para fines poéticos) es antípoda de la ciudad de Jerusalén.

Bueno, llegamos a este momento terrible y preguntamos por qué ha sido castigado Ulises. Evidentemente no lo fue por la treta del caballo, puesto que el momento culminante de su vida, el que se refiere a Dante y el que se refiere a nosotros, es otro: es esa empresa generosa, denodada, de querer conocer lo vedado, lo imposible. Nos preguntamos por qué tiene tanta fuerza este canto. Antes de contestar, querría recordar un hecho que no ha sido señalado hasta ahora, que yo sepa.

Es el de otro gran libro, un gran poema de nuestro tiempo, el *Moby Dick* de Herman Melville, que ciertamente conoció la *Comedia* en la traducción de

Longfellow. Tenemos la empresa insensata del mutilado capitán Ahab, que quiere vengarse de la ballena blanca. Al fin la encuentra y la ballena lo hunde, y la gran novela concuerda exactamente con el fin del canto de Dante: el mar se cierra sobre ellos. Melville tuvo que recordar la *Comedia* en ese punto, aunque prefiero pensar que la leyó, que la asimiló de tal modo que pudo olvidarla literalmente; que la *Comedia* debió ser parte de él y que luego redescubrió lo que había leído hacía ya muchos años, pero la historia es la misma. Salvo que Ahab no está movido por ímpetu noble sino por deseo de venganza. En cambio, Ulises obra como el más alto de los hombres. Ulises, además, invoca una razón justa, que está relacionada con la inteligencia, y es castigado.

¿A qué debe su carga trágica este episodio? Creo que hay una explicación, la única valedera, y es ésta: Dante sintió que Ulises, de algún modo, era él. No sé si lo sintió de un modo consciente y poco importa. En algún terceto de la *Comedia* dice que a nadie le está permitido saber cuáles son los juicios de la Providencia. No podemos adelantarnos al juicio de la Providencia, nadie puede saber quién será condenado y quién salvado. Pero él había osado adelantarse, por modo poético, a ese juicio. Nos muestra condenados y nos muestra elegidos. Tenía que saber que al hacer eso corría peligro; no podía ignorar que estaba anticipándose a la indescifrable providencia de Dios.

Por eso el personaje de Ulises tiene la fuerza que tiene, porque Ulises es un espejo de Dante, porque Dante sintió que acaso él merecería ese castigo. Es verdad que él había escrito el poema, pero por sí o por no estaba infringiendo las misteriosas leyes de la noche, de Dios, de la Divinidad.

He llegado al fin. Quiero solamente insistir sobre el hecho de que nadie tiene derecho a privarse de esa felicidad, la *Comedia*, de leerla de un modo ingenuo. Después vendrán los comentarios, el deseo de saber qué significa cada alusión mitológica, ver cómo Dante tomó un gran verso de Virgilio y acaso lo mejoró traduciéndolo. Al principio debemos leer el libro con fe de niño, abandonarnos a él; después nos acompañará hasta el fin. A mí me ha acompañado durante tantos años, y sé que apenas lo abra mañana encontraré cosas que no he encontrado hasta ahora. Sé que ese libro irá más allá de mi vigilia y de nuestras vigilias.

LA PESADILLA

Los sueños son el género; la pesadilla, la especie. Hablaré de los sueños y, después, de las pesadillas.

Estuve releyendo estos días libros de psicología. Me sentí singularmente defraudado. En todos ellos se hablaba de los instrumentos o de los temas de los sueños (voy a poder justificar esta palabra más adelante) y no se hablaba, lo que yo hubiera deseado, sobre lo asombroso, lo extraño del hecho de soñar.

Así, en un libro de psicología que aprecio mucho, *The Mind of Man*, de Gustav Spiller, se decía que los sueños corresponden al plano más bajo de la actividad mental —yo tengo para mí que es un error— y se hablaba de las incoherencias, de lo inconexo de las fábulas de los sueños. Quiero recordar a Groussac y su admirable estudio (ojalá pudiera recordarlo y repetirlo aquí) *Entre sueños*. Groussac, al final de ese estudio que está en *El viaje intelectual*, creo que en el segundo volumen, dice que es asombroso el hecho de que cada mañana nos despertemos cuerdos —o relativamente cuerdos, digamos— después de haber pasado por esa zona de sombras, por esos laberintos de sueños.

El examen de los sueños ofrece una dificultad especial. No podemos examinar los sueños directamente. Podemos hablar de la memoria de los sueños. Y posiblemente la memoria de los sueños no se corresponda directamente con los sueños. Un gran escritor del siglo XVIII, Sir Thomas Browne, creía que nuestra memoria de los sueños es más pobre que la espléndida realidad. Otros, en cambio, creen que mejoramos los sueños: si pensamos que el sueño es una obra de ficción (yo creo que lo es) posiblemente sigamos fabulando en el momento de despertarnos y cuando, después, los contamos. Recuerdo ahora el libro de Dunne, *An Experiment with Time*. No estoy de acuerdo con su teoría pero es tan hermosa que merece ser recordada. Pero antes, para simplificarla (voy de un libro a otro, mis memorias son superiores a mis pensamientos) quiero recordar el gran libro de Boecio *De consolatione philosophiae*, que Dante sin duda leyó o releyó, como leyó o releyó toda la literatura de la Edad Media. Boecio, llamado *el último romano*, el senador Boecio, imagina un espectador de una carrera de caballos.

El espectador está en el hipódromo y ve, desde su palco, los caballos y la partida, las vicisitudes de la carrera, la llegada de uno de los caballos a la meta, todo sucesivamente. Pero Boecio imagina otro espectador. Ese otro espectador es espectador del espectador y espectador de la carrera: es, previsiblemente, Dios. Dios ve toda la carrera, ve en un solo instante eterno, en su instantánea eternidad, la partida de los caballos, las vicisitudes, la llegada. Todo lo ve de un solo vistazo y de igual modo ve toda la historia universal. Así Boecio salva las dos nociones: la idea del libre albedrío y la idea de la Providencia. De igual modo que el espectador ve toda la carrera y no influye en ella (salvo que la ve sucesivamente), Dios ve toda la carrera, desde la cuna hasta la sepultura. No influye en lo que hacemos, nosotros obramos libremente, pero Dios ya sabe —Dios ya sabe en este momento, digamos— nuestro destino final. Dios ve así la historia universal, lo que sucede a la historia universal; ve todo eso en un solo espléndido, vertiginoso instante que es la eternidad.

Dunne es un escritor inglés de este siglo. No conozco título más interesante que el de su libro, *Un experimento con el tiempo*. En él imagina que cada uno de nosotros posee una suerte de modesta eternidad personal: a esa modesta eternidad la poseemos cada noche. Esta noche dormiremos, esta noche soñaremos que es miércoles. Y soñaremos con el miércoles y con el día siguiente, con el jueves, quizá con el viernes, quizá con el martes... A cada hombre le está dado, con el sueño, una pequeña eternidad personal que le permite ver su pasado cercano y su porvenir cercano.

Todo esto el soñador lo ve de un solo vistazo, de igual modo que Dios, desde su vasta eternidad, ve todo el proceso cósmico. ¿Qué sucede al despertar? Sucede que, como estamos acostumbrados a la vida sucesiva, damos forma narrativa a nuestro sueño, pero nuestro sueño ha sido múltiple y ha sido simultáneo.

Veamos un ejemplo muy sencillo. Vamos a suponer que yo sueño con un hombre, simplemente la imagen de un hombre (se trata de un sueño muy pobre) y luego, inmediatamente, sueño la imagen de un árbol. Al despertarme, puedo dar a ese sueño tan simple una complejidad que no le pertenece: puedo pensar que he soñado en un hombre que se convierte en árbol, que era un árbol. Modifico los hechos, ya estoy fabulando.

No sabemos exactamente qué sucede en los sueños: no es imposible que durante los sueños estemos en el cielo, estemos en el infierno, quizá seamos alguien, alguien que es lo que Shakespeare llamó *the thing I am*, "la cosa que soy", quizá seamos nosotros, quizá seamos la Divinidad. Esto se olvida al despertar. Sólo podemos examinar de los sueños su memoria, su pobre memoria.

He leído también el libro de Frazer, un escritor, desde luego, sumamente ingenioso, pero también muy crédulo, ya que parece aceptar todo cuanto le cuentan los viajeros. Según Frazer, los salvajes no distinguen entre la vigilia y el sueño. Para ellos, los sueños son un episodio de la vigilia. Así, según Frazer, o según los viajeros que leyó Frazer, un salvaje sueña que sale por el bosque y que mata a un león; cuando se despierta, piensa que su alma ha abandonado su cuerpo y que ha matado a un león en sueños. O, si queremos complicar un poco más las cosas, podemos suponer que ha matado al sueño de un león. Todo esto es posible, y, desde luego, esta idea de los salvajes coincide con la idea de los niños que no distinguen muy bien entre la vigilia y el sueño.

Referiré un recuerdo personal. Un sobrino mío, tendría cinco o seis años entonces —mis fechas son bastante falibles—, me contaba sus sueños cada mañana. Recuerdo que una mañana (él estaba sentado en el suelo) le pregunté qué había soñado. Dócilmente, sabiendo que yo tenía ese *hobby*, me dijo: "Anoche soñé que estaba perdido en el bosque, tenía miedo, pero llegué a un claro y había una casa blanca, de madera, con una escalera que daba toda la vuelta y con escalones como un corredor y además una puerta, por esa puerta saliste vos". Se interrumpió bruscamente y agregó: "Decime, ¿qué estabas haciendo en esa casita?".

Todo corría para él en un solo plano, la vigilia y el sueño. Lo que nos lleva a otra hipótesis, a la hipótesis de los místicos, la hipótesis de los metafísicos, la hipótesis contraria que, sin embargo, se confunde con ella. Para el salvaje o para el niño los sueños son un episodio de la vigilia, para los poetas y los místicos no es imposible que toda la vigilia sea un sueño. Esto lo dice, de modo seco y lacónico, Calderón: la vida es sueño. Y lo dice, ya con una imagen, Shakespeare: "Estamos hechos de la misma madera que nuestros sueños"; y, espléndidamente, lo dice el poeta austríaco Walter von der Vogelweide, quien se pregunta (lo diré en mi mal alemán primero y luego en mi mejor español): *Ist es mein Leben geträumt oder ist es wahr?*: "¿He soñado mi vida, o fue un sueño?". No está seguro. Lo que nos lleva, desde luego, al solipsismo; a la sospecha de que sólo hay un soñador y ese soñador es cada uno de nosotros. Ese soñador —tratándose de mí—, en este momento está soñándolos a ustedes; está soñando esta sala y esta conferencia. Hay un solo soñador; ese soñador sueña todo el proceso cósmico, sueña toda la historia universal anterior, sueña incluso su niñez, su mocedad. Todo esto puede no haber ocurrido: en ese momento empieza a existir, empieza a soñar y es cada uno de nosotros, no *nosotros*, es *cada uno*. En este momento yo estoy soñando que estoy pronunciando una conferencia en la calle Charcas, que estoy buscando los temas —y quizá no dando con ellos—, estoy soñando con ustedes, pero no es verdad. Cada uno de ustedes está soñando conmigo y con los otros.

Tenemos esas dos imaginaciones: la de considerar que los sueños son parte de la vigilia, y la otra, la espléndida, la de los poetas, la de considerar que toda la vigilia es un sueño. No hay diferencia entre las dos materias. La idea llega al artículo de Groussac: no hay diferencia en nuestra actividad mental. Podemos estar despiertos, podemos dormir y soñar y nuestra actividad mental es la misma. Y cita, precisamente, aquella frase de Shakespeare: "Estamos hechos de la misma madera que nuestros sueños".

Hay otro tema que no puede eludirse: los sueños proféticos. Es propia de una mentalidad avanzada la idea de los sueños que corresponden a la realidad, ya que hoy distinguimos los dos planos.

Hay un pasaje en la *Odisea* en el que se habla de dos puertas, la de cuerno y la de marfil. Por la de marfil llegan a los hombres los sueños falsos y por la de cuerno, los sueños verdaderos o proféticos. Y hay un pasaje en la *Eneida* (un pasaje que ha provocado innumerables comentarios): en el libro noveno, o en el undécimo, no estoy seguro, Eneas desciende a los Campos Elíseos, más allá de las Columnas de Hércules: conversa con las grandes sombras de Aquiles, de Tiresias; ve la sombra de su madre, quiere abrazarla pero no puede porque está hecha de sombra; y ve, además, la futura grandeza de la ciudad que él fundará. Ve a Rómulo, a Remo, el campo y, en ese campo, ve al futuro Foro Romano, la futura grandeza de Roma, la grandeza de Augusto, ve toda la grandeza imperial. Y después de haber visto todo eso, después de haber conversado con sus contemporáneos, que son gente futura para Eneas, Eneas vuelve a la tierra. Entonces ocurre lo curioso, lo que no ha sido bien explicado, salvo por un comentador anónimo que creo que ha dado con la verdad. Eneas vuelve por la puerta de marfil y no por la de cuerno. ¿Por qué? El comentador nos dice por qué: porque realmente no estamos en la realidad. Para Virgilio, el mundo verdadero era posiblemente el mundo platónico, el mundo de los arquetipos. Eneas pasa por la puerta de marfil porque entra en el mundo de los sueños —es decir, en lo que llamamos vigilia.

Bueno, todo esto puede ser.

Ahora llegamos a la especie, a la pesadilla. No será inútil recordar los nombres de la pesadilla.

El nombre español no es demasiado venturoso: el diminutivo parece quitarle fuerza. En otras lenguas los nombres son más fuertes. En griego la palabra es *efialtes:* Efialtes es el demonio que inspira la pesadilla. En latín tenemos el *incubus*. El íncubo es el demonio que oprime al durmiente y le inspira la pesadilla. En alemán tenemos una palabra muy curiosa: *Alp*, que vendría a significar el elfo y la opresión del elfo, la misma idea de un demonio que inspira la pesadilla. Y hay un cuadro, un cuadro que De Quincey, uno de los grandes soñadores de pesadillas de la literatura, vio. Un cuadro de Fussele o Füssli (era su verdadero nombre, pintor suizo del siglo XVIII) que se llama *The Nightmare, La pesadilla*. Una muchacha está acostada. Se despierta y se aterra porque ve que sobre su vientre se ha acostado un monstruo que es pequeño, negro y maligno. Ese monstruo es la pesadilla. Cuando Füssli pintó ese cuadro estaba pensando en la palabra *Alp*, en la opresión del elfo.

Llegamos ahora a la palabra más sabia y ambigua, el nombre inglés de la pesadilla: *the nightmare*, que significa para nosotros "la yegua de la noche". Shakespeare la entendió así. Hay un verso suyo que dice, *I met the night mare*, "me encontré con la yegua de la noche". Se ve que la concibe como una yegua. Hay otro poema que ya dice deliberadamente *the nightmare and her nine foals*, "la pesadilla y sus nueve potrillos", donde la ve como una yegua también.

Pero según los etimólogos la raíz es distinta. La raíz sería *niht mare* o *niht maere*, el demonio de la noche. El doctor Johnson, en su famoso diccionario, dice que esto corresponde a la mitología nórdica —a la mitología sajona, diríamos nosotros—, que ve a la pesadilla como producida por un demonio; lo cual haría juego, o sería una traducción, quizá, del *efialtes* griego o del *incubus* latino.

LA PESADILLA

Hay otra interpretación que puede servirnos y que haría que esa palabra inglesa *nightmare* estuviese relacionada con *Märchen*, en alemán. *Märchen* quiere decir fábula, cuento de hadas, ficción; luego, *nightmare* sería la ficción de la noche. Ahora bien, el hecho de concebir *nightmare* como "la yegua de la noche" (hay algo de terrible en lo de "yegua de la noche"), fue como un don para Victor Hugo. Hugo dominaba el inglés y escribió un libro demasiado olvidado sobre Shakespeare. En uno de sus poemas, que está en *Les contemplations*, creo, habla de *le cheval noir de la nuit*, "el caballo negro de la noche", la pesadilla. Sin duda estaba pensando en la palabra inglesa *nightmare*.

Ya que hemos visto estas diversas etimologías, tenemos en francés la palabra *cauchemar*, vinculada, sin duda, con la *nightmare* del inglés. En todas ellas hay una idea (voy a volver sobre ellas) de origen demoníaco, la idea de un demonio que causa la pesadilla. Creo que no se trata simplemente de una superstición: creo que puede haber —y estoy hablando con toda ingenuidad y toda sinceridad—, algo verdadero en este concepto.

Entremos en la pesadilla, en las pesadillas. Las mías son siempre las mismas. Yo diría que tengo dos pesadillas que pueden llegar a confundirse. Tengo la pesadilla del laberinto y esto se debe, en parte, a un grabado en acero que vi en un libro francés cuando era chico. En ese grabado estaban las siete maravillas del mundo y entre ellas el laberinto de Creta. El laberinto era un gran anfiteatro, un anfiteatro muy alto (y esto se veía porque era más alto que los cipreses y que los hombres a su alrededor). En ese edificio cerrado, ominosamente cerrado, había grietas. Yo creía (o creo ahora haber creído) cuando era chico, que si tuviera una lupa lo suficientemente fuerte podría ver, mirar por una de las grietas del grabado, al Minotauro en el terrible centro del laberinto.

Mi otra pesadilla es la del espejo. No son distintas, ya que bastan dos espejos opuestos para construir un laberinto. Recuerdo haber visto en la casa de Dora de Alvear, en Belgrano, una habitación circular cuyas paredes y puertas eran de espejo, de modo que quien entraba en esa habitación estaba en el centro de un laberinto realmente infinito.

Siempre sueño con laberintos o con espejos. En el sueño del espejo aparece otra visión, otro terror de mis noches, que es la idea de las máscaras. Siempre las máscaras me dieron miedo. Sin duda sentí en la infancia que si alguien usaba una máscara estaba ocultando algo horrible. A veces (éstas son mis pesadillas más terribles) me veo reflejado en un espejo, pero me veo reflejado con una máscara. Tengo miedo de arrancar la máscara porque tengo miedo de ver mi verdadero rostro, que imagino atroz. Ahí puede estar la lepra o el mal o algo más terrible que cualquier imaginación mía.

Un rasgo curioso en mis pesadillas, no sé si ustedes lo comparten conmigo, es que tienen una topografía exacta. Yo, por ejemplo, siempre sueño con esquinas determinadas de Buenos Aires. Tengo la esquina de Laprida y Arenales o la de Balcarce y Chile. Sé exactamente dónde estoy y sé que debo dirigirme a algún lugar lejano. Estos lugares en el sueño tienen una topografía precisa pero son completamente distintos. Pueden ser desfiladeros, pueden ser ciénagas, pueden ser junglas, eso no importa: yo sé que estoy exactamente en tal esquina de Buenos Aires. Trato de encontrar mi camino.

Como quiera que sea, en las pesadillas lo importante no son las imágenes. Lo importante, como Coleridge —decididamente estoy citando a los poetas— descubrió, es la impresión que producen los sueños. Las imágenes son lo de menos, son efectos. Ya dije al principio que había leído muchos tratados de psicología en los que no encontré textos de poetas, que son singularmente iluminativos.

Veamos uno de Petronio. Una línea de Petronio citada por Addison. Dice que el alma, cuando está libre de la carga del cuerpo, juega. "El alma, sin el cuerpo, juega." Por su parte, Góngora, en un soneto, expresa con exactitud la idea de que los sueños y la pesadilla, desde luego, son ficciones, son creaciones literarias:

El sueño, autor de representaciones,
en su teatro sobre el viento armado
sombras suele vestir de bulto bello.

El sueño es una representación. La idea la retomó Addison a principios del siglo XVII en un excelente artículo publicado en la revista *The Spectator*.

He citado a Thomas Browne. Dice que los sueños nos dan una idea de la excelencia del alma, ya que el alma está libre del cuerpo y da en jugar y soñar. Cree que el alma goza de libertad. Y Addison dice que, efectivamente, el alma, cuando está libre de la traba del cuerpo, imagina, y puede imaginar con una facilidad que no suele tener en la vigilia. Agrega que de todas las operaciones del alma (de la mente, diríamos ahora, ahora no usamos la palabra alma), la más difícil es la invención. Sin embargo, en el sueño inventamos de un modo tan rápido que equivocamos nuestro pensamiento con lo que estamos inventando. Soñamos leer un libro y la verdad es que estamos inventando cada una de las palabras del libro, pero no nos damos cuenta y lo tomamos por ajeno. He notado en muchos sueños ese trabajo previo, digamos, ese trabajo de preparación de las cosas.

Recuerdo cierta pesadilla que tuve. Ocurrió, lo sé, en la calle Serrano, creo que en Serrano y Soler, salvo que no parecía Serrano y Soler, el paisaje era muy distinto: pero yo *sabía* que era en la vieja calle Serrano, de Palermo. Me encontraba con un amigo, un amigo que ignoro: lo veía y estaba muy cambiado. Yo nunca había visto su cara pero sabía que su cara no podía ser ésa. Estaba muy cambiado, muy triste. Su rostro estaba cruzado por la pesadumbre, por la enfermedad, quizá por la culpa. Tenía la mano derecha dentro del saco (esto es importante para el sueño). No podía verle la mano, que ocultaba del lado del corazón. Entonces lo abracé, sentí que necesitaba que lo ayudara: "Pero, mi pobre Fulano, ¿qué te ha pasado? ¡Qué cambiado estás!". Me respondió: "Sí, estoy muy cambiado". Lentamente fue sacando la mano. Pude ver que era la garra de un pájaro.

Lo extraño es que desde el principio el hombre tenía la mano escondida. Sin saberlo, yo había preparado esa invención: que el hombre tuviera una garra de pájaro y que viera lo terrible del cambio, lo terrible de su desdicha, ya que estaba convirtiéndose en un pájaro. También ocurre en los sueños: nos preguntan algo y no sabemos qué contestar, nos dan la respuesta y quedamos atónitos. La contestación puede ser absurda, pero es exacta en el sueño. Todo lo habíamos preparado. Llego a la conclusión, ignoro si es científica, de que los sueños son la actividad estética más antigua.

Sabemos que los animales sueñan. Hay versos latinos en los que se habla del lebrel que ladra tras la liebre que persigue en sueños. Tendríamos en los sueños, pues, la más antigua de las actividades estéticas; muy curiosa porque es de orden dramático. Quiero agregar lo que dice Addison (confirmando, sin saberlo, a Góngora) sobre el sueño, autor de representaciones. Addison observa que en el sueño somos el teatro, el auditorio, los actores, el argumento, las palabras que oímos. Todo lo hacemos de modo

LA PESADILLA

inconsciente y todo tiene una vividez que no suele tener en la realidad. Hay personas que tienen sueños débiles, inseguros (al menos, así me lo dicen). Mis sueños son muy vívidos.

Volvamos a Coleridge. Dice que no importa lo que soñamos, que el sueño busca explicaciones. Toma un ejemplo: aparece un león aquí y todos sentimos miedo: el miedo ha sido causado por la imagen del león. O bien: estoy acostado, me despierto, veo que un animal está sentado encima de mí, y siendo miedo. Pero en el sueño puede ocurrir lo contrario. Podemos sentir la opresión y ésta busca una explicación. Entonces yo, absurdamente, pero vívidamente, sueño que una esfinge se me ha acostado encima. La esfinge no es la causa del terror, es una explicación de la opresión sentida. Coleridge agrega que personas a las que se ha asustado con un falso fantasma se han vuelto locas. En cambio, una persona que sueña con un fantasma, se despierta y al cabo de algunos minutos, o algunos segundos, puede recuperar la tranquilidad.

Yo he tenido —y tengo— muchas pesadillas. A la más terrible, la que me pareció la más terrible, la usé para un soneto. Fue así: yo estaba en mi habitación; amanecía (posiblemente ésa era la hora en el sueño), y al pie de la cama estaba un rey, un rey muy antiguo, y yo sabía en el sueño que ese rey era un rey del Norte, de Noruega. No me miraba: fijaba su mirada ciega en el cielo raso. Yo sabía que era un rey muy antiguo porque su cara era imposible ahora. Entonces sentí el terror de esa presencia. Veía al rey, veía su espada, veía su perro. Al cabo, desperté. Pero seguí viendo al rey durante un rato, porque me había impresionado. Referido, mi sueño es nada; soñado, fue terrible.

Quiero referirles una pesadilla que en estos días me contó Susana Bombal. No sé si contada tendrá efecto; posiblemente, no. Ella soñó que estaba en una habitación abovedada, la parte superior en tinieblas. De la tiniebla caía una tela negra deshilachada. Ella tenía en la mano unas tijeras grandes, algo incómodas. Tenía que cortar las hilachas que pendían de la tela y que eran muchas. Lo que ella veía abarcaría un metro y medio de ancho y un metro y medio de largo, y luego se perdía en las tinieblas superiores. Cortaba y sabía que nunca llegaría al fin. Y tuvo la sensación de horror que es la pesadilla, porque la pesadilla es, ante todo, la sensación del horror.

He contado dos pesadillas verdaderas y ahora voy a contar dos pesadillas de la literatura, que posiblemente fueron verdaderas también. En la conferencia anterior hablé de Dante, me referí al *nobile castello* del Infierno. Refiere Dante cómo él, guiado por Virgilio, llega al primer círculo y ve que Virgilio palidece. Piensa: si Virgilio palidece al entrar al Infierno, que es su morada eterna, ¿cómo no he yo de sentir miedo? Se lo dice a Virgilio, que está aterrado. Pero Virgilio lo urge: "Yo iré delante". Entonces llegan, y llegan inesperadamente, porque se oyen, además, infinitos ayes; pero ayes que no son de dolor físico, son ayes que significan algo más grave.

Llegan a un noble castillo, a un *nobile castello*. Está ceñido por siete murallas que pueden ser las siete artes liberales del *trivium* y del *quadrivium* o las siete virtudes; no importa. Posiblemente, Dante sintió que la cifra era mágica. Bastaba con esa cifra que tendría, sin duda, muchas justificaciones. Se habla asimismo de un arroyo que desaparece y de un fresco prado, que también desaparece. Cuando se acercan, lo que ven es esmalte. Ven, no el pasto, que es una cosa viva, sino una cosa muerta. Avanzan hacia ellos cuatro sombras, que son las sombras de los grandes poetas de la Antigüedad. Ahí está Homero, espada en mano; ahí está Ovidio, está Lucano, está Horacio. Virgilio le dice que salude a Homero, a quien Dante tanto reverenció y nunca leyó. Y le dice: *Onorate l'altissimo poeta*. Homero avanza, espada en mano, y admite a Dante como el sexto en su compañía. Dante, que no ha escrito todavía la *Comedia*, porque la está escribiendo en ese momento, se sabe capaz de escribirla.

Después le dicen cosas que no conviene repetir. Podemos pensar en un pudor del florentino, pero creo que hay una razón más honda. Habla de quienes habitan el noble castillo: allí están las grandes sombras de los paganos, de los musulmanes también: todos hablan lenta y suavemente, tienen rostros de gran autoridad, pero están privados de Dios. Ahí está la ausencia de Dios, ellos saben que están condenados a ese eterno castillo, a ese castillo eterno y decoroso, pero terrible.

Está Aristóteles, el maestro de quienes saben. Están los filósofos presocráticos, está Platón, está también, solo y aparte, el gran sultán Saladino. Están todos aquellos grandes paganos que no pudieron ser salvados porque les faltaba el bautismo, que no pudieron ser salvados por Cristo, de quien Virgilio habla pero a quien no puede nombrar en el Infierno: lo llama un poderoso. Podríamos pensar que Dante no había descubierto aún su talento dramático, no sabía aún que podía hacer hablar a sus personajes. Podríamos lamentar que Dante no nos repita las grandes palabras, sin duda dignas, que Homero, esa gran sombra, le dijo con la espada en la mano. Pero también podemos sentir que Dante comprendió que era mejor que todo fuera silencioso, que todo fuera terrible en el castillo. Hablan con las grandes sombras. Dante las enumera: habla de Séneca, de Platón, de Aristóteles, de Saladino, de Averroes. Los menciona y no hemos oído una sola palabra. Es mejor que así sea.

Yo diría que si pensamos en el Infierno, el infierno no es una pesadilla; es simplemente una cámara de tortura. Ocurren cosas atroces, pero no hay el ambiente de pesadilla que hay en el "noble castillo". Eso lo ofrece Dante, quizá por primera vez en la literatura.

Hay otro ejemplo, que fue elogiado por De Quincey. Está en el libro segundo de *The Prelude*, de Wordsworth. Dice Wordsworth que estaba preocupado —esta preocupación es rara, si pensamos que escribía a principios del siglo XIX— por el peligro que corrían las artes y las ciencias, que estaban a merced de un cataclismo cósmico cualquiera. En aquel tiempo no se pensaba en esos cataclismos;

ahora podemos pensar que toda la obra de la humanidad, la humanidad misma, puede ser destruida en cualquier momento. Pensamos en la bomba atómica. Bien; Wordsworth cuenta que conversó con un amigo. Pensó: ¡qué horror, qué horror pensar que las grandes obras de la humanidad, que las ciencias, que las artes estén a merced de un cataclismo cósmico cualquiera! El amigo le confiesa que también él ha sentido ese temor. Y Wordsworth le dice: he soñado eso...

Y ahora viene el sueño que me parece la perfección de la pesadilla, porque ahí están los dos elementos de la pesadilla: episodios de malestares físicos, de una persecución, y el elemento del horror, de lo sobrenatural. Wordsworth nos dice que estaba en una gruta frente al mar, que era la hora del mediodía, que estaba leyendo en el *Quijote*, uno de sus libros preferidos, las aventuras del caballero andante que Cervantes historia. No lo menciona directamente, pero ya sabemos de quién se trata. Agrega: "Dejé el libro, me puse a pensar; pensé, precisamente, en el tema de las ciencias y las artes y luego llegó la hora". La poderosa hora del mediodía, del bochorno del mediodía, en que Wordsworth, sentado en su gruta frente al mar (alrededor están la playa, las arenas amarillas), recuerda: "El sueño se apoderó de mí y entré en el sueño".

Se ha quedado dormido en la gruta, frente al mar, entre las arenas doradas de la playa. En el sueño lo cerca la arena, un Sahara de arena negra. No hay agua, no hay mar. Está en el centro del desierto —en el desierto se está siempre en el centro— y está horrorizado pensando qué puede hacer para huir del desierto, cuando ve que a su lado hay alguien. Extrañamente, es un árabe de la tribu de los beduinos, que cabalga sobre un camello y tiene en la mano derecha una lanza. Bajo el brazo izquierdo tiene una piedra; y en la mano un caracol. El árabe le dice que su misión es salvar las artes y las ciencias y le acerca el caracol al oído; el caracol es de extraordinaria belleza. Wordsworth ("en un idioma que yo no conocía pero que entendí") nos dice que oyó la profecía: una suerte de oda apasionada, profetizando que la Tierra estaba a punto de ser destruida por el diluvio que la ira de Dios envía. El árabe le dice que es verdad, que el diluvio se acerca pero que él tiene una misión: salvar el arte y las ciencias. Le muestra la piedra. Y la piedra es, curiosamente, la *Geometría* de Euclides, sin dejar de ser una piedra. Luego le acerca el caracol, y el caracol es también un libro: es el que le ha dicho esas cosas terribles. El caracol es, además, toda la poesía del mundo, incluso, ¿por qué no?, el poema de Wordsworth. El beduino le dice: "Tengo que salvar estas dos cosas, la piedra y el caracol, ambos libros". Vuelve hacia atrás la cara y hay un momento en que ve Wordsworth que el rostro del beduino cambia, se llena de horror. Él también mira hacia atrás y ve una gran luz, una luz que ya ha inundado la mitad del desierto. Es la de las aguas del diluvio que va a destruir la Tierra. El beduino se aleja y Wordsworth ve que el beduino también es Don Quijote y el camello también es Rocinante, y que de igual modo que la piedra es un libro y el caracol un libro, el beduino es Don Quijote y no es ninguna de las dos cosas y las dos cosas a un tiempo. Esta dualidad corresponde al horror del sueño. Wordsworth, en ese momento, despierta en un grito de terror, porque las aguas ya lo alcanzan.

Creo que esta pesadilla es una de las más hermosas de la literatura.

Podemos derivar dos conclusiones, al menos durante el transcurso de esta noche; ya después cambiará nuestra opinión. La primera es que los sueños son una obra estética, quizá la expresión estética más antigua. Toma una forma extrañamente dramática, ya que somos, como dijo Addison, el teatro, el espectador, los actores, la fábula. La segunda se refiere al horror de la pesadilla. Nuestra vigilia abunda en momentos terribles: todos sabemos que hay momentos en que nos abruma la realidad. Ha muerto una persona querida, una persona querida nos ha dejado, son tantos los motivos de tristeza, de desesperación... Sin embargo, esos motivos no se parecen a la pesadilla; la pesadilla tiene un horror peculiar y ese horror peculiar puede expresarse mediante cualquier fábula. Puede expresarse mediante el beduino que también es Don Quijote en Wordsworth; mediante las tijeras y las hilachas, mediante mi sueño del rey, mediante las pesadillas famosas de Poe. Pero hay algo: es el *sabor* de la pesadilla. En los tratados que he consultado no se habla de ese horror.

Aquí tendríamos la posibilidad de una interpretación teológica, lo que vendría a estar de acuerdo con la etimología. Tomo cualquiera de las palabras: digamos, *incubus*, latina, o *nightmare*, sajona, o *Alp*, alemana. Todas sugieren algo sobrenatural. Pues bien. ¿Y si las pesadillas fueran estrictamente sobrenaturales? ¿Si las pesadillas fueran grietas del infierno? ¿Si en las pesadillas estuviéramos literalmente en el infierno? ¿Por qué no? Todo es tan raro que aun eso es posible.

LAS MIL Y UNA NOCHES

Un acontecimiento capital de la historia de las naciones occidentales es el descubrimiento del Oriente. Sería más exacto hablar de una conciencia del Oriente, continua, comparable a la presencia de Persia en la historia griega. Además de esa conciencia del Oriente —algo vasto, inmóvil, magnífico, incomprensible— hay altos momentos y voy a enumerar algunos. Lo que me parece conveniente, si queremos entrar en este tema que yo quiero tanto, que he querido desde la infancia, el tema del *Libro de las mil y una noches*, o, como se llamó en la versión inglesa —la primera que leí— *The Arabian Nights: Noches árabes*. No sin misterio también, aunque el título es menos bello que el de *Libro de las mil y una noches*.

Voy a enumerar algunos hechos: los nueve libros de Herodoto y en ellos la revelación de Egipto, el lejano Egipto. Digo "el lejano" porque el espacio se mide por el tiempo y las navegaciones eran azarosas. Para los griegos, el mundo egipcio era mayor, y lo sentían misterioso.

Examinaremos después las palabras Oriente y Occidente, que no podemos definir y que son verdaderas. Pasa con ellas lo que decía San Agustín que pasa con el tiempo: "¿Qué es el tiempo? Si no me lo preguntan, lo sé; si me lo preguntan, lo ignoro". ¿Qué son el Oriente y el Occidente? Si me lo preguntan, lo ignoro. Busquemos una aproximación.

Veamos los encuentros, las guerras y las campañas de Alejandro. Alejandro, que conquista la Persia, que conquista la India y que muere finalmente en Babilonia, según se sabe. Fue éste el primer vasto encuentro con el Oriente, un encuentro que afectó tanto a Alejandro, que dejó de ser griego y se hizo parcialmente persa. Los persas, ahora lo han incorporado a su historia. A Alejandro, que dormía con la *Ilíada* y con la espada debajo de la almohada. Volveremos a él más adelante, pero ya que mencionamos el nombre de Alejandro, quiero referirles una leyenda que, bien lo sé, será de interés para ustedes.

Alejandro no muere en Babilonia a los treinta y tres años. Se aparta de un ejército y vaga por desiertos y selvas y luego ve una claridad. Esa claridad es la de una fogata.

La rodean guerreros de tez amarilla y ojos oblicuos. No lo conocen, lo acogen. Como esencialmente es un soldado, participa de batallas en una geografía del todo ignorada por él. Es un soldado: no le importan las causas y está listo a morir. Pasan los años, él se ha olvidado de tantas cosas y llega un día en que se paga a la tropa y entre las monedas hay una que lo inquieta. La tiene en la palma de la mano y dice: "Eres un hombre viejo; ésta es la medalla que hice acuñar para la victoria de Arbela cuando yo era Alejandro de Macedonia". Recobra en ese momento su pasado y vuelve a ser un mercenario tártaro o chino o lo que fuere.

Esta memorable invención pertenece al poeta inglés Robert Graves. A Alejandro le había sido predicho el dominio del Oriente y el Occidente. En los países del Islam se lo celebra aún bajo el nombre de Alejandro Bicorne, porque dispone de los dos cuernos del Oriente y del Occidente.

Veamos otro ejemplo de ese largo diálogo entre el Oriente y el Occidente, ese diálogo no pocas veces trágico. Pensamos en el joven Virgilio que está palpando una seda estampada, de un país remoto. El país de los chinos, del cual él sólo sabe que es lejano y pacífico, muy numeroso, que abarca los últimos confines del Oriente. Virgilio recordará esa seda en las *Geórgicas*, esa seda inconsútil, con imágenes de templos, emperadores, ríos, puentes, lagos distintos de los que conocía.

Otra revelación del Oriente es la de aquel libro admirable, la *Historia natural* de Plinio. Ahí se habla de los chinos y se menciona a Bactriana, Persia, se habla de la India, del rey Poro. Hay un verso de Juvenal, que yo habré leído hará más de cuarenta años y que, de pronto, me viene a la memoria. Para hablar de un lugar lejano, Juvenal dice: *ultra Auroram et Gangem*, "más allá de la aurora y del Ganges". En esas cuatro palabras está el Oriente para nosotros. Quién sabe si Juvenal lo sintió como lo sentimos nosotros. Creo que sí. Siempre el Oriente habrá ejercido fascinación sobre los hombres del Occidente.

Prosigamos con la historia y llegaremos a un curioso regalo. Posiblemente no ocurrió nunca. Se trata también de una leyenda. Harun al-Raschid, Aarón el Ortodoxo, envía a su colega Carlomagno un elefante. Acaso era imposible enviar un elefante desde Bagdad hasta Francia, pero eso no importa. Nada nos cuesta creer en ese elefante. Ese elefante es un monstruo. Recordemos que la palabra monstruo no significa algo horrible. Lope de Vega fue llamado "Monstruo de la Naturaleza" por Cervantes. Ese elefante tiene que haber sido algo muy extraño para los francos y para el rey germánico Carlomagno. (Es triste pensar que Carlomagno no pudo haber leído la *Chanson de Roland*, ya que hablaría algún dialecto germánico.)

Le envían un elefante y esa palabra, "elefante", nos recuerda que Roland hace sonar el "olifán", la trompeta de marfil que se llamó así, precisamente, porque procede del colmillo del elefante. Y ya que estamos hablando de etimologías, recordemos que la palabra española "alfil" significa "el elefante" en árabe y tiene el mismo origen que "marfil". En piezas de ajedrez orientales yo he visto un elefante con un castillo y un hombrecito. Esa pieza no era la torre, como podría pensarse por el castillo, sino el alfil, el elefante.

En las Cruzadas los guerreros vuelven y traen memorias: traen memorias de leones, por ejemplo. Tenemos el famoso cruzado *Richard the Lion-Hearted*, Ricardo Corazón de León. El león que ingresa en la heráldica es un animal del Oriente. Esta lista no puede ser infinita, pero recordemos a Marco Polo, cuyo libro es una revelación del Oriente (durante mucho tiempo fue la mayor revelación), aquel libro que dictó a un compañero de cárcel, después de una batalla en que los venecianos fueron vencidos por los genoveses. Ahí está la historia del Oriente y ahí precisamente se habla de Kublai Khan, que reaparecerá en cierto poema de Coleridge.

En el siglo XV se recogen en Alejandría, la ciudad de Alejandro Bicorne, una serie de fábulas. Esas fábulas tienen una historia extraña, según se supone. Fueron habladas al principio en la India, luego en Persia, luego en el Asia Menor y, finalmente, ya escritas en árabe, se compilan en El Cairo. Es el *Libro de las mil y una noches*.

Quiero detenerme en el título. Es uno de los más hermosos del mundo, tan hermoso, creo, como aquel otro que cité la otra vez, y tan distinto: *Un experimento con el tiempo*.

En éste hay otra belleza. Creo que reside en el hecho de que para nosotros la palabra "mil" sea casi sinónima de "infinito". Decir mil noches es decir infinitas noches, las muchas noches, las innumerables noches. Decir "mil y una noches" es agregar una al infinito. Recordemos una curiosa expresión inglesa. A veces, en vez de decir "para siempre", *for ever*, se dice *for ever and a day*, "para siempre y un día". Se agrega un día a la palabra "siempre". Lo cual recuerda el epigrama de Heine a una mujer: "Te amaré eternamente y aún después".

La idea de infinito es consustancial con *Las mil y una noches*.

En 1704 se publica la primera versión europea, el primero de los seis volúmenes del orientalista francés Antoine Galland. Con el movimiento romántico, el Oriente entra plenamente en la conciencia de Europa. Básteme mencionar dos nombres, dos altos nombres. El de Byron, más alto por su imagen que por su obra, y el de Hugo, alto de todos modos. Vienen otras versiones y ocurre luego otra revelación del Oriente: es la operada hacia mil ochocientos noventa y tantos por Kipling: "Si has oído el llamado del Oriente, ya no oirás otra cosa".

Volvamos al momento en que se traducen por primera vez *Las mil y una noches*. Es un acontecimiento capital para todas las literaturas de Europa. Estamos en 1704, en Francia. Esa Francia es la del Gran Siglo, es la Francia en que la literatura está legislada por Boileau, quien muere en 1711 y no sospecha que toda su retórica ya está siendo amenazada por esa espléndida invasión oriental.

Pensemos en la retórica de Boileau, hecha de precauciones, de prohibiciones, pensemos en el culto de la razón, pensemos en aquella hermosa frase de Fenelon: "De las operaciones del espíritu, la menos frecuente es la razón". Pues bien, Boileau quiere fundar la poesía en la razón.

Estamos conversando en un ilustre dialecto del latín que se llama lengua castellana y ello es también un episodio de esa nostalgia, de ese comercio amoroso y a veces belicoso del Oriente y del Occidente, ya que América fue descubierta por el deseo de llegar a las Indias. Llamamos *indios* a la gente de Moctezuma, de Atahualpa, de Catriel, precisamente por ese error, porque los españoles creyeron haber llegado a las Indias. Esta mínima conferencia mía también es parte de ese diálogo del Oriente y del Occidente.

En cuanto a la palabra Occidente, sabemos el origen que tiene, pero ello no importa. Cabría decir que la cultura occidental es impura en el sentido de que sólo es a medias occidental. Hay dos naciones esenciales para nuestra cultura. Esas dos naciones son Grecia (ya que Roma es una extensión helenística) e

Israel, un país oriental. Ambas se juntan en la que llamamos cultura occidental. Al hablar de las revelaciones del Oriente, debía haber recordado esa revelación continua que es la Sagrada Escritura. El hecho es recíproco, ya que el Occidente influye en el Oriente. Hay un libro de un escritor francés que se titula *El descubrimiento de Europa por los chinos* y es un hecho real, que tiene que haber ocurrido también.

El Oriente es el lugar en que sale el sol. Hay una hermosa palabra alemana que quiero recordar: *Morgenland* —para el Oriente—, "tierra de la mañana". Para el Occidente, *Abendland*, "tierra de la tarde". Ustedes recordarán *Der Untergang des Abendlandes* de Spengler, es decir, "la ida hacia abajo de la tierra de la tarde", o, como se traduce de un modo más prosaico, *La decadencia de Occidente.* Creo que no debemos renunciar a la palabra Oriente, una palabra tan hermosa, ya que en ella está, por una feliz casualidad, el oro. En la palabra Oriente sentimos la palabra oro, ya que cuando amanece se ve el cielo de oro. Vuelvo a recordar el verso ilustre de Dante, *dolce color d'oriëntal zaffiro.* Es que la palabra *oriental* tiene los dos sentidos: el zafiro oriental, el que procede del Oriente, y también el oro de la mañana, el oro de aquella primera mañana en el Purgatorio.

¿Qué es el Oriente? Si lo definimos de un modo geográfico nos encontramos con algo bastante curioso, y es que parte del Oriente sería el Occidente o lo que para los griegos y romanos fue el Occidente, ya que se entiende que el Norte de África es el Oriente. Desde luego, Egipto es el Oriente también, y las tierras de Israel, el Asia Menor y Bactriana, Persia, la India, todos esos países que se extienden más allá y que tienen poco en común entre ellos. Así, por ejemplo, Tartaria, la China, el Japón, todo eso es el Oriente para nosotros. Al decir Oriente creo que todos pensamos, en principio, en el Oriente islámico, y por extensión en el Oriente del norte de la India.

Tal es el primer sentido que tiene para nosotros y ello es obra de *Las mil y una noches*. Hay algo que sentimos como el Oriente, que yo no he sentido en Israel y que he sentido en Granada y en Córdoba. He sentido la presencia del Oriente, y eso no sé si puede definirse; pero no sé si vale la pena definir algo que todos sentimos íntimamente. Las connotaciones de esa palabra se las debemos al *Libro de las mil y una noches*. Es lo que primero pensamos; sólo después podemos pensar en Marco Polo o en las leyendas del Preste Juan, en aquellos ríos de arena con peces de oro. En primer término pensamos en el Islam.

Veamos la historia de ese libro; luego, las traducciones. El origen del libro está oculto. Podríamos pensar en las catedrales malamente llamadas góticas, que son obras de generaciones de hombres. Pero hay una diferencia esencial, y es que los artesanos, los artífices de las catedrales, sabían bien lo que hacían. En cambio, *Las mil y una noches* surgen de modo misterioso. Son obra de miles de autores y ninguno pensó que estaba edificando un libro ilustre, uno de los libros más ilustres de todas las literaturas, más apreciados en el Occidente que en el Oriente, según me dicen.

Ahora, una noticia curiosa que transcribe el barón de Hammer Purgstall, un orientalista citado con admiración por Lane y por Burton, los dos traductores ingleses más famosos de *Las mil y una noches*. Habla de ciertos hombres que él llama *confabulatores nocturni*: hombres de la noche que refieren cuentos, hombres cuya profesión es contar cuentos durante la noche. Cita un antiguo texto persa que informa que el primero que oyó recitar cuentos, que reunió hombres de la noche para contar cuentos que distrajeran su insomnio fue Alejandro de Macedonia. Esos cuentos tienen que haber sido fábulas. Sospecho que el encanto de las fábulas no está en la moraleja. Lo que encantó a Esopo o a los fabulistas hindúes fue imaginar animales que fueran como hombrecitos, con sus comedias y sus tragedias. La idea del propósito moral fue agregada al fin: lo importante era el hecho de que el lobo hablara con el cordero y el buey con el asno o el león con un ruiseñor.

Tenemos a Alejandro de Macedonia oyendo cuentos contados por esos anónimos hombres de la noche cuya profesión es referir cuentos, y esto perduró durante mucho tiempo. Lane, en su libro *Account of the Manners and Costumes of the Modern Egyptians, Modales y costumbres de los actuales egipcios*, cuenta que hacia 1850 eran muy comunes los narradores de cuentos en El Cairo. Que había unos cincuenta y que con frecuencia narraban las historias de *Las mil y una noches*.

Tenemos una serie de cuentos; la serie de la India, donde se forma el núcleo central, según Burton y según Cansinos-Asséns, autor de una admirable versión española, pasa a Persia; en Persia los modifican, los enriquecen y los arabizan; llegan finalmente a Egipto. Esto ocurre a fines del siglo xv. A fines del siglo xv se hace la primera compilación y esa compilación procedía de otra, persa según parece: *Hazar afsana, Los mil cuentos*.

¿Por qué primero mil y después mil y una? Creo que hay dos razones. Una, supersticiosa (la superstición es importante en este caso), según la cual las cifras pares son de mal agüero. Entonces se buscó una cifra impar y felizmente se agregó "y una". Si hubieran puesto novecientas noventa y nueve noches, sentiríamos que falta una noche; en cambio, así, sentimos que nos dan algo infinito y que nos agregan todavía una yapa, una noche. El texto es leído por el orientalista francés Galland, quien lo traduce. Veamos en qué consiste y de qué modo está el Oriente en ese texto. Está, ante todo, porque al leerlo nos sentimos en un país lejano.

Es sabido que la cronología, que la historia existen; pero son ante todo averiguaciones occidentales. No hay historias de la literatura persa o historias de la filosofía indostánica; tampoco hay historias chinas de la literatura china, porque a la gente no le interesa la sucesión de los hechos. Se piensa que la literatura y la poesía son procesos eternos. Creo que, en lo esencial, tienen razón. Creo, por ejemplo, que el título *Libro de las mil y una noches* (o, como quiere Burton, *Book of the Thousand Nights and a Night*, *Libro de las mil noches y una noche*), sería un hermoso título si lo hubieran inventado esta mañana. Si lo hiciéramos ahora pensaríamos qué lindo título; y es lindo pues no sólo es hermoso (como hermoso es *Los crepúsculos del jardín*, de Lugones) sino porque da ganas de leer el libro.

Uno tiene ganas de perderse en *Las mil y una noches;* uno sabe que entrando en ese libro puede olvidarse de su pobre destino humano; uno puede entrar en un mundo, y ese mundo está hecho de unas cuantas figuras arquetípicas y también de individuos.

En el título de *Las mil y una noches* hay algo muy importante: la sugestión de un libro infinito. Virtualmente, lo es. Los árabes dicen que nadie puede leer *Las mil y una noches* hasta el fin. No por razones de tedio: se siente que el libro es infinito.

Tengo en casa los diecisiete volúmenes de la versión de Burton. Sé que nunca los habré leído todos pero sé que ahí están las noches esperándome; que mi vida puede ser desdichada pero ahí estarán los diecisiete volúmenes; ahí estará esa especie de eternidad de *Las mil y una noches* del Oriente.

¿Y cómo definir al Oriente, no el Oriente real, que no existe? Yo diría que las nociones de Oriente y Occidente son generalizaciones pero que ningún individuo se siente oriental. Supongo que un hombre se siente persa, se siente hindú, se siente malayo, pero no oriental. Del mismo modo, nadie se siente latinoamericano: nos sentimos argentinos, chilenos, orientales (uruguayos). No importa, el concepto no existe. ¿Cuál es su base? Es ante todo la de un mundo de extremos en el cual las personas son o muy desdichadas o muy felices, muy ricas o muy pobres. Un mundo de reyes, de reyes que no tienen por qué explicar lo que hacen. De reyes que son, digamos, irresponsables como dioses.

Hay, además, la noción de tesoros escondidos. Cualquier hombre puede descubrirlos. Y la noción de la magia, muy importante. ¿Qué es la magia? La magia es una causalidad distinta. Es suponer que, además de las relaciones causales que conocemos, hay otra relación causal. Esa relación puede deberse a accidentes, a un anillo, a una lámpara. Frotamos un anillo, una lámpara, y aparece el genio. Ese genio es un esclavo que también es omnipotente, que juntará nuestra voluntad. Puede ocurrir en cualquier momento.

Recordemos la historia del pescador y del genio. El pescador tiene cuatro hijos, es pobre. Todas las mañanas echa su red al borde de un mar. Ya la expresión *un mar* es una expresión mágica, que nos sitúa en un mundo de geografía indefinida. El pescador no se acerca al mar, se acerca a *un mar* y arroja su red. Una mañana la arroja y la saca tres veces: saca un asno muerto, saca cacharros rotos, saca, en fin, cosas inútiles. La arroja por cuarta vez (cada vez recita un poema) y la red está muy pesada. Espera que esté llena de peces y lo que saca es una jarra de cobre amarillo, sellada con el sello de Solimán (Salomón). Abre la jarra y sale un humo espeso. Piensa que podrá vender la jarra a los quincalleros, pero el humo llega hasta el cielo, se condensa y toma la figura de un genio.

¿Qué son esos genios? Pertenecen a una creación preadamita, anterior a Adán, inferior a los hombres, pero pueden ser gigantescos. Según los musulmanes, habitan todo el espacio y son invisibles e impalpables.

El genio dice: "Alabado sea Dios y Salomón su Apóstol". El pescador le pregunta por qué habla de Salomón, que murió hace tanto tiempo: ahora su apóstol es Mahoma. Le pregunta, también, por qué estaba encerrado en la jarra. El otro le dice que fue uno de los genios que se rebelaron contra Solimán y que Solimán lo encerró en la jarra, la selló y la tiró al fondo del mar. Pasaron cuatrocientos años y el genio juró que a quien lo liberase le daría todo el oro del mundo, pero nada ocurrió. Juró que a quien lo liberase le enseñaría el canto de los pájaros. Pasan los siglos y las promesas se multiplican. Al fin llega un momento en el que jura que dará muerte a quien lo libere. "Ahora tengo que cumplir mi juramento. Prepárate a morir, ¡oh mi salvador!" Ese rasgo de ira hace extrañamente humano al genio y quizá querible.

El pescador está aterrado; finge descreer de la historia y dice: "Lo que me has contado no es cierto. ¿Cómo tú, cuya cabeza toca el cielo y cuyos pies tocan la tierra, puedes haber cabido en este pequeño recipiente?". El genio contesta: "Hombre de poca fe, vas a ver". Se reduce, entra en la jarra y el pescador la cierra y lo amenaza.

La historia sigue y llega un momento en que el protagonista no es un pescador sino un rey, luego el rey de las Islas Negras y al fin todo se junta. El hecho es típico de *Las mil y una noches*. Podemos pensar en aquellas esferas chinas donde hay otras esferas o en las muñecas rusas. Algo parecido encontramos en el *Quijote*, pero no llevado al extremo de *Las mil y una noches*. Además todo esto está dentro de un vasto relato central que ustedes conocen: el del sultán que ha sido engañado por su mujer y que para evitar que el engaño se repita resuelve desposarse cada noche y hacer matar a la mujer a la mañana siguiente. Hasta que Shahrazada resuelve salvar a las otras y lo va reteniendo con cuentos que quedan inconclusos. Sobre los dos pasan mil y una noches y ella le muestra un hijo.

Con cuentos que están dentro de cuentos se produce un efecto curioso, casi infinito, con una suerte de vértigo. Esto ha sido imitado por escritores muy posteriores. Así, los libros de *Alicia* de Lewis Carroll, o la novela *Sylvia and Bruno*, donde hay sueños adentro de sueños que se ramifican y multiplican.

El tema de los sueños es uno de los preferidos de *Las mil y una noches*. Admirable es la historia de los dos que soñaron. Un habitante de El Cairo sueña que una voz le ordena en sueños que vaya a la ciudad de Isfaján, en Persia, donde lo aguarda un tesoro. Afronta el largo y peligroso viaje y en Isfaján, agotado, se tiende en el patio de una mezquita a descansar. Sin saberlo, está entre ladrones. Los arrestan a todos y el cadí le pregunta por qué ha llegado hasta la ciudad. El egipcio se lo cuenta. El cadí se ríe hasta mostrar las muelas y le dice: "Hombre desatinado y crédulo, tres veces he soñado con una casa en El Cairo en cuyo fondo hay un jardín y en el jardín un reloj de sol y luego una fuente y una higuera y bajo la fuente está un tesoro. Jamás he dado el menor crédito a esa mentira. Que no te vuelva a ver por Isfaján. Toma esta moneda y vete". El otro se vuelve a El Cairo: ha reconocido en el sueño del cadí su propia casa. Cava bajo la fuente y encuentra el tesoro.

En *Las mil y una noches* hay ecos del Occidente. Nos encontramos con las aventuras de Ulises, salvo que Ulises se llama Simbad el Marino. Las aventuras son a veces las mismas (ahí está Polifemo). Para erigir el palacio de *Las mil y una noches* se han necesitado generaciones de hombres y esos hombres son nuestros bienhechores, ya que nos han legado ese libro inagotable, ese libro capaz de tantas metamorfosis. Digo tantas metamorfosis porque el primer texto, el de Galland, es bastante sencillo y es quizá el de mayor encanto de todos, el que no exige ningún esfuerzo del lector; sin ese primer texto, como muy bien dice el capitán Burton, no se hubieran cumplido las versiones ulteriores.

Galland, pues, publica el primer volumen en 1704. Se produce una suerte de escándalo, pero al mismo tiempo de encanto para la razonable Francia de Luis XIV. Cuando se habla del movimiento romántico se piensa en fechas muy posteriores. Podríamos decir que el movimiento romántico empieza en aquel instante en que alguien, en Normandía o en París, lee *Las mil y una noches*. Está saliendo del mundo legislado por Boileau, está entrando en el mundo de la libertad romántica.

Vendrán luego otros hechos. El descubrimiento francés de la novela picaresca por Lesage; las baladas escocesas e inglesas publicadas por Percy hacia 1750. Y, hacia 1798, el movimiento romántico empieza en Inglaterra con Coleridge, que sueña con Kublai Khan, el protector de Marco Polo. Vemos así lo admirable que es el mundo y lo entreveradas que están las cosas.

Vienen las otras traducciones. La de Lane está acompañada por una enciclopedia de las costumbres de los musulmanes. La traducción antropológica y obscena de Burton está redactada en un curioso inglés parcialmente del siglo XIV, un inglés lleno de arcaísmos y neologismos, un inglés no desposeído de belleza pero que a veces es de difícil lectura. Luego la versión licenciosa, en ambos sentidos de la palabra, del doctor Mardrus, y una versión alemana literal pero sin ningún encanto literario, de Littmann. Ahora, felizmente, tenemos la versión castellana de quien fue mi maestro Rafael

Cansinos-Asséns. El libro ha sido publicado en México; es, quizá, la mejor de todas las versiones; también está acompañada de notas.

Hay un cuento que es el más famoso de *Las mil y una noches* y que no se lo halla en las versiones originales. Es la historia de *Aladino y la lámpara maravillosa*. Aparece en la versión de Galland y Burton buscó en vano el texto árabe o persa. Hubo quien sospechó que Galland había falsificado la narración. Creo que la palabra "falsificar" es injusta y maligna. Galland tenía tanto derecho a inventar un cuento como lo tenían aquellos *confabulatores nocturni*. ¿Por qué no suponer que después de haber traducido tantos cuentos, quiso inventar uno y lo hizo?

La historia no queda detenida en el cuento de Galland. En su autobiografía De Quincey dice que para él había en *Las mil y una noches* un cuento superior a los demás y que ese cuento, incomparablemente superior, era la historia de Aladino. Habla del mago del Mogreb que llega a la China porque sabe que ahí está la única persona capaz de exhumar la lámpara maravillosa. Galland nos dice que el mago era un astrólogo y que los astros le revelaron que tenía que ir a China en busca del muchacho. De Quincey, que tiene una admirable memoria inventiva, recordaba un hecho del todo distinto. Según él, el mago había aplicado el oído a la tierra y había oído las innumerables pisadas de los hombres. Y había distinguido, entre esas pisadas, las del chico predestinado a exhumar la lámpara. Esto, dice De Quincey que lo llevó a la idea de que el mundo está hecho de correspondencias, está lleno de espejos mágicos y que en las cosas pequeñas está la cifra de las mayores. El hecho de que el mago mogrebí aplicara el oído a la tierra y descifrara los pasos de Aladino no se halla en ninguno de los textos. Es una invención que los sueños o la memoria dieron a De Quincey. *Las mil y una noches* no han muerto. El infinito tiempo de *Las mil y una noches* prosigue su camino. A principios del siglo XVIII se traduce el libro; a principios del XIX o fines del XVIII De Quincey lo recuerda de otro modo. Las noches tendrán otros traductores y cada traductor dará una versión distinta del libro. Casi podríamos hablar de muchos libros titulados *Las mil y una noches*. Dos en francés, redactados por Galland y Mardrus; tres en inglés, redactados por Burton, Lane y Paine; tres en alemán, redactados por Henning, Littmann y Weil; uno en castellano, de Cansinos-Asséns. Cada uno de esos libros es distinto, porque *Las mil y una noches* siguen creciendo, o recreándose. En el admirable Stevenson y en sus admirables *Nuevas mil y una noches (New Arabian Nights)* se retoma el tema del príncipe disfrazado que recorre la ciudad, acompañado de su visir, y a quien le ocurren curiosas aventuras. Pero Stevenson inventó un príncipe, Floricel de Bohemia, su edecán, el coronel Geraldine, y los hizo recorrer Londres. Pero no el Londres real sino un Londres parecido a Bagdad; no al Bagdad de la realidad, sino al Bagdad de *Las mil y una noches*.

Hay otro autor cuya obra debemos agradecer todos: Chesterton, heredero de Stevenson. El Londres fantástico en el que ocurren las aventuras del padre Brown y del Hombre que fue Jueves no existiría si él no hubiese leído a Stevenson. Y Stevenson no hubiera escrito sus *Nuevas mil y una noches* si no hubiese leído *Las mil y una noches*. *Las mil y una noches* no son algo que ha muerto. Es un libro tan vasto que no es necesario haberlo leído, ya que es parte previa de nuestra memoria y es parte de esta noche también.

EL BUDISMO

El tema de hoy será el budismo. No entraré en esa larga historia que empezó hace dos mil quinientos años en Benares, cuando un príncipe de Nepal —Siddharta o Gautama—, que había llegado a ser el Buddha, hizo girar la rueda de la ley, proclamó las cuatro nobles verdades y el óctuple sendero. Hablaré de lo esencial de esa religión, la más difundida del mundo. Los elementos del budismo se han conservado desde el siglo V antes de Cristo: es decir, desde la época de Heráclito, de Pitágoras, de Zenón, hasta nuestro tiempo, cuando el doctor Suzuki la expone en el Japón. Los elementos son los mismos. La religión ahora está incrustada de mitología, de astronomía, de extrañas creencias, de magia, pero ya que el tema es complejo, me limitaré a lo que tienen en común las diversas sectas. Éstas pueden corresponder al Hinayana o el pequeño vehículo. Consideremos ante todo la longevidad del budismo.

Esa longevidad puede explicarse por razones históricas, pero tales razones son fortuitas o, mejor dicho, son discutibles, falibles. Creo que hay dos causas fundamentales. La primera es la tolerancia del budismo. Esa extraña tolerancia no corresponde, como en el caso de otras religiones, a distintas épocas: el budismo siempre fue tolerante.

No ha recurrido nunca al hierro o al fuego, nunca ha pensado que el hierro o el fuego fueran persuasivos. Cuando Asoka, emperador de la India, se hizo budista, no trató de imponer a nadie su nueva religión. Un buen budista puede ser luterano, o metodista, o presbiteriano, o calvinista, o sintoísta, o taoísta, o católico, puede ser prosélito del Islam o de la religión judía, con toda libertad. En cambio, no le está permitido a un cristiano, a un judío, a un musulmán, ser budista.

La tolerancia del budismo no es una debilidad, sino que pertenece a su índole misma. El budismo fue, ante todo, lo que podemos llamar una yoga. ¿Qué es la palabra yoga? Es la misma palabra que usamos cuando decimos yugo y que tiene su origen en el latín *yugu*. Un yugo, una disciplina que el hombre se impone. Luego, si comprendemos lo que el Buddha predicó en aquel primer sermón del Parque de las Gacelas de Benares hace dos mil quinientos años, habremos comprendido el budismo. Salvo que no se trata de comprender, se trata de sentirlo de un modo hondo, de sentirlo en cuerpo y alma; salvo, también, que el budismo no admite la realidad del cuerpo ni del alma. Trataré de exponerlo.

Además, hay otra razón. El budismo exige mucho de nuestra fe. Es natural, ya que toda religión es un acto de fe. Así como la patria es un acto de fe. ¿Qué es, me he preguntado muchas veces, ser argentino? Ser argentino es sentir que somos argentinos. ¿Qué es ser budista? Ser budista es, no comprender, porque eso puede cumplirse en pocos minutos, *sentir* las cuatro nobles verdades y el óctuple camino. No entraremos en los vericuetos del óctuple camino, pues esa cifra obedece al hábito hindú de dividir y subdividir, pero sí en las cuatro nobles verdades.

Hay, además, la leyenda del Buddha. Podemos descreer de esa leyenda. Tengo un amigo japonés, budista zen, con el cual he mantenido largas y amistosas discusiones. Yo le decía que creía en la verdad histórica del Buddha. Creía, y creo, que hace dos mil quinientos años hubo un príncipe del Nepal llamado Siddharta o Gautama que llegó a ser el Buddha, es decir, el Despierto, el Lúcido —a diferencia de nosotros que estamos dormidos o que estamos soñando ese largo sueño que es la vida—. Recuerdo una frase de Joyce: "La historia es una pesadilla de la que quiero despertarme". Pues bien, Siddharta, a la edad de treinta años, llegó a despertarse y a ser el Buddha.

Con aquel amigo que era budista (yo no estoy seguro de ser cristiano y estoy seguro de no ser budista) yo discutía y le decía: "¿Por qué no creer en el príncipe Siddharta, que nació en Kapilovastu quinientos años antes de la era cristiana?". Él me respondía: "Porque no tiene ninguna importancia; lo importante es creer en la Doctrina". Agregó, creo que con más ingenio que verdad, que creer en la existencia histórica del Buddha o interesarse en ella sería algo así como confundir el estudio de las matemáticas con la biografía de Pitágoras o Newton. Uno de los temas de meditación que tienen los monjes en los monasterios de la China y el Japón, es dudar de la existencia del Buddha. Es una de las dudas que deben imponerse para llegar a la verdad.

Las otras religiones exigen mucho de nuestra credulidad. Si somos cristianos, debemos creer que una de las tres personas de la Divinidad condescendió a ser hombre y fue crucificado en Judea. Si somos musulmanes tenemos que creer que no hay otro dios que Dios y que Muhammad es su apóstol. Podemos ser buenos budistas y negar que el Buddha existió. O, mejor dicho, podemos pensar, debemos pensar que no es importante nuestra creencia en lo histórico: lo importante es creer en la Doctrina. Sin embargo, la leyenda del Buddha es tan hermosa que no podemos dejar de referirla.

Los franceses se han dedicado con especial atención al estudio de la leyenda del Buddha. Su argumento es éste: la biografía del Buddha es lo que le ocurrió a un solo hombre en un breve período del tiempo. Puede haber sido de este modo o de tal otro. En cambio, la leyenda del Buddha ha iluminado y sigue iluminando a millones de hombres. La leyenda es la que ha inspirado tantas hermosas pinturas, esculturas y poemas. El budismo, además de ser una religión, es una mitología, una cosmología, un sistema metafísico, o, mejor dicho, una serie de sistemas metafísicos, que no se entienden y que discuten entre sí.

La leyenda del Buddha es iluminativa y su creencia no se impone. En el Japón se insiste en la no historicidad del Buddha. Pero sí en la Doctrina. La leyenda empieza en el cielo. En el cielo hay alguien que durante siglos y siglos, podemos decir literalmente, durante un número infinito de siglos, ha ido perfeccionándose hasta comprender que en la próxima encarnación será el Buddha.

Elige el continente en que ha de nacer. Según la cosmogonía budista el mundo está dividido en cuatro continentes triangulares y en el centro hay una montaña de oro: el monte Meru. Nacerá en el que corresponde a la India. Elige el siglo en que nacerá; elige la casta, elige la madre. Ahora, la parte terrenal de la leyenda. Hay una reina, Maya. Maya significa *ilusión*. La reina tiene un sueño que corre el albur de parecernos extravagante pero no lo es para los hindúes.

Casada con el rey Suddhodana, soñó que un elefante blanco de seis colmillos, que erraba en las montañas del oro, entró en su costado izquierdo sin causarle dolor. Se despierta; el rey convoca a sus astrólogos y éstos le explican que la reina dará a luz un hijo que podrá ser el emperador del mundo o que podrá ser el Buddha, el Despierto, el Lúcido, el ser destinado a salvar a todos los hombres. Previsiblemente, el rey elige el primer destino: quiere que su hijo sea el emperador del mundo.

Volvamos al detalle del elefante blanco de seis colmillos. Oldemberg hace notar que el elefante de la India es animal doméstico y cotidiano. El color blanco es siempre símbolo de inocencia. ¿Por qué seis colmillos? Tenemos que recordar (habrá que recurrir a la historia alguna vez) que el número seis, que para nosotros es arbitrario y de algún modo incómodo (ya que preferimos el tres o el siete), no lo es en la India, donde se cree que hay seis dimensiones en el espacio: arriba, abajo, atrás, adelante, derecha, izquierda. Un elefante blanco de seis colmillos no es extravagante para los hindúes.

El rey convoca a los magos y la reina da a luz sin dolor. Una higuera inclina sus ramas para ayudarla. El hijo nace de pie y al nacer da cuatro pasos: al Norte, al Sur, al Este y al Oeste, y dice con voz de león: "Soy el incomparable; éste será mi último nacimiento". Los hindúes creen en un número infinito de nacimientos anteriores. El príncipe crece, es el mejor arquero, es el mejor jinete, el mejor nadador, el mejor atleta, el mejor calígrafo, confuta a todos los doctores (aquí podemos pensar en Cristo y los doctores). A los dieciséis años se casa.

El padre sabe —los astrólogos se lo han dicho— que su hijo corre el peligro de ser el Buddha, el hombre que salva a todos los demás si conoce cuatro hechos que son: la vejez, la enfermedad, la muerte y el ascetismo. Recluye a su hijo en un palacio, le suministra un harén, no diré la cifra de mujeres porque corresponde a una exageración hindú evidente. Pero, por qué no decirlo: eran ochenta y cuatro mil.

El príncipe vive una vida feliz; ignora que hay sufrimiento en el mundo, ya que le ocultan la vejez, la enfermedad y la muerte. El día predestinado sale en su carroza por una de las cuatro puertas del palacio rectangular. Digamos, por la puerta del Norte. Recorre un trecho y ve un ser distinto de todos los que ha visto. Está encorvado, arrugado, no tiene pelo. Apenas puede caminar, apoyándose en un bastón. Pregunta quién es ese hombre, si es que es un hombre. El cochero le contesta que es un anciano y que todos seremos ese hombre si seguimos viviendo.

El príncipe vuelve al palacio, perturbado. Al cabo de seis días vuelve a salir por la puerta del Sur. Ve en una zanja a un hombre aún más extraño, con la blancura de la lepra y el rostro demacrado. Pregunta quién es ese hombre, si es que es un hombre.

Es un enfermo, le contesta el cochero; todos seremos ese hombre si seguimos viviendo.

El príncipe, ya muy inquieto, vuelve al palacio. Seis días más tarde sale nuevamente y ve a un hombre que parece dormido, pero cuyo color no es el de esta vida. A ese hombre lo llevan otros. Pregunta quién es. El cochero le dice que es un muerto y que todos seremos ese muerto si vivimos lo suficiente.

El príncipe está desolado. Tres horribles verdades le han sido reveladas: la verdad de la vejez, la verdad de la enfermedad, la verdad de la muerte. Sale una cuarta vez. Ve a un hombre casi desnudo, cuyo rostro está lleno de serenidad. Pregunta quién es. Le dicen que es un asceta, un hombre que ha renunciado a todo y que ha logrado la beatitud.

El príncipe resuelve abandonar todo; él, que ha llevado una vida tan rica. El budismo cree que el ascetismo puede convenir, pero después de haber probado la vida. No se cree que nadie deba empezar negándose nada. Hay que apurar la vida hasta las heces y luego desengañarse de ella; pero no sin conocimiento de ella.

El príncipe resuelve ser el Buddha. En ese momento le traen una noticia: su mujer, Jasodhara, ha dado a luz un hijo. Exclama: "Un vínculo ha sido forjado". Es el hijo que lo ata a la vida. Por eso le dan el nombre de Vínculo. Siddharta está en su harén, mira a esas mujeres que son jóvenes y bellas y las ve ancianas horribles, leprosas. Va al aposento de su mujer. Está durmiendo. Tiene al niño en los brazos. Está por besarla, pero comprende que si la besa no podrá desprenderse de ella, y se va.

Busca maestros. Aquí tenemos una parte de la biografía que puede no ser legendaria. ¿Por qué mostrarlo discípulo de maestros que después abandonará? Los maestros le enseñan el ascetismo, que él ejerce durante mucho tiempo. Al final está tirado en medio del campo, su cuerpo está inmóvil y los dioses que lo ven desde los treinta y tres cielos, piensan que ha muerto. Uno de ellos, el más sabio, dice: "No, no ha muerto; será el Buddha". El príncipe se despierta, corre a un arroyo que está cerca, toma un poco de alimento y se sienta bajo la higuera sagrada: el árbol de la ley, podríamos decir.

Sigue un entreacto mágico, que tiene su correspondencia con los Evangelios: es la lucha con el demonio. El demonio se llama Mara. Ya hemos visto esa palabra *nightmare*, demonio de la noche. El demonio siente que domina el mundo pero que ahora corre peligro y sale de su palacio. Se han roto las cuerdas de sus instrumentos de música, el agua se ha secado en las cisternas. Apresta sus ejércitos, monta en el elefante que tiene no sé cuántas millas de altura, multiplica sus brazos, multiplica sus armas y ataca al príncipe. El príncipe está sentado al atardecer bajo el árbol del conocimiento, ese árbol que ha nacido al mismo tiempo que él.

El demonio y sus huestes de tigres, leones, camellos, elefantes y guerreros monstruosos le arrojan flechas. Cuando llegan a él, son flores. Le arrojan montañas de fuego, que forman un dosel sobre su cabeza. El príncipe medita inmóvil, con los brazos cruzados. Quizá no sepa que lo están atacando. Piensa en la vida; está llegando al nirvana, a la salvación. Antes de la caída del sol, el demonio ha sido derrotado. Sigue una larga noche de meditación; al cabo de esa noche, Siddharta ya no es Siddharta. Es el Buddha: ha llegado al nirvana.

Resuelve predicar la ley. Se levanta, ya se ha salvado, quiere salvar a los demás. Predica su primer sermón en el Parque de las Gacelas de Benares. Luego otro sermón, el del fuego, en el que dice que todo está ardiendo: almas, cuerpos, cosas están en fuego. Más o menos por aquella fecha, Heráclito de Éfeso decía que todo es fuego.

Su ley no es la del ascetismo, ya que para el Buddha el ascetismo es un error. El hombre no debe abandonarse a la vida carnal porque la vida carnal es baja, innoble, bochornosa y dolorosa; tampoco al ascetismo, que también es innoble y doloroso. Predica una vía media —para seguir la terminología teológica—, ya ha alcanzado el nirvana y vive cuarenta y tantos años, que dedica a la prédica. Podría haber sido inmortal pero elige el momento de su muerte, cuando ya tiene muchos discípulos.

Muere en casa de un herrero. Sus discípulos lo rodean. Están desesperados. ¿Qué van a hacer sin él? Les dice que él no existe, que es un hombre como ellos, tan irreal y tan mortal como ellos, pero que les deja su Ley. Aquí tenemos una gran diferencia con Cristo. Creo que Jesús les dice a sus discípulos que si dos están reunidos, él será el tercero. En cambio, el Buddha les dice: les dejo mi Ley. Es decir, ha puesto en movimiento la rueda de la ley en el primer sermón. Luego vendrá la historia del budismo. Son muchos los hechos: el lamaísmo, el budismo mágico, el Mahayana o gran vehículo, que sigue al Hinayana o pequeño vehículo, el budismo zen del Japón.

Yo tengo para mí que si hay dos budismos que se parecen, que son casi idénticos, son el que predicó el Buddha y lo que se enseña ahora en la China y el Japón, el budismo zen. Lo demás son incrustaciones mitológicas, fábulas. Algunas de esas fábulas son interesantes. Se sabe que el Buddha podía ejercer milagros, pero al igual que a Jesucristo, le desagradaban los milagros, le desagradaba ejercerlos. Le parecía una ostentación vulgar. Hay una historia que contaré: la del bol de sándalo.

Un mercader, en una ciudad de la India, hace tallar un pedazo de sándalo en forma de bol. Lo pone en lo alto de una serie de cañas de bambú, una especie de altísimo palo enjabonado. Dice que dará el bol de sándalo a quien pueda alcanzarlo. Hay maestros heréticos que lo intentan en vano. Quieren sobornar al mercader para que diga que lo han alcanzado. El mercader se niega y llega un discípulo menor del Buddha. Su nombre no se menciona, fuera de ese episodio. El discípulo se eleva por el aire, vuela seis veces alrededor del bol, lo recoge y se lo entrega al mercader. Cuando el Buddha oye la historia lo hace expulsar de la orden, por haber realizado algo tan baladí.

Pero también el Buddha hizo milagros. Por ejemplo éste, un milagro de cortesía. El Buddha tiene que atravesar un desierto a la hora del mediodía.

Los dioses, desde sus treinta y tres cielos, le arrojan una sombrilla cada uno. El Buddha, que no quiere desairar a ninguno de los dioses, se multiplica en treinta y tres Buddhas, de modo que cada uno de los dioses ve, desde arriba, un Buddha protegido por la sombrilla que le ha arrojado.

Entre los hechos del Buddha hay uno iluminativo: la parábola de la flecha. Un hombre ha sido herido en batalla y no quiere que le saquen la flecha. Antes quiere saber el nombre del arquero, a qué casta pertenecía, el material de la flecha, en qué lugar estaba el arquero, qué longitud tiene la flecha. Mientras están discutiendo estas cuestiones, se muere. "En cambio —dice el Buddha—, yo enseño a arrancar la flecha." ¿Qué es la flecha? Es el universo. La flecha es la idea del yo, de todo lo que llevamos clavado. El Buddha dice que no debemos perder tiempo en cuestiones inútiles. Por ejemplo: ¿es finito o infinito el universo? ¿El Buddha vivirá después del nirvana o no? Todo eso es inútil, lo importante es que nos arranquemos la flecha. Se trata de un exorcismo, de una ley de salvación.

Dice el Buddha: "Así como el vasto océano tiene un solo sabor, el sabor de la sal, el sabor de la ley es el sabor de la salvación". La ley que él enseña es vasta como el mar pero tiene un solo sabor: el sabor de la salvación. Desde luego, los continuadores se han perdido (o han encontrado tal vez mucho) en disquisiciones metafísicas. El fin del budismo no es ése. Un budista puede profesar cualquier religión, siempre que siga esa ley. Lo que importa es la salvación y las cuatro nobles verdades: el sufrimiento, el origen del sufrimiento, la curación del sufrimiento y el medio para llegar a la curación. Al final está el nirvana. El orden de las verdades no importa. Se ha dicho que corresponden a una antigua tradición médica en que se trata del mal, del diagnóstico, del tratamiento y de la cura. La cura, en este caso, es el nirvana.

Ahora llegamos a lo difícil. A lo que nuestras mentes occidentales tienden a rechazar. La transmigración, que para nosotros es un concepto ante todo poético. Lo que transmigra no es el alma, porque el budismo niega la existencia del alma, sino el karma, que es una suerte de organismo mental, que transmigra infinitas veces. En el Occidente esa idea está vinculada a varios pensadores, sobre todo a Pitágoras. Pitágoras reconoció el escudo con el que se había batido en la guerra de Troya, cuando él tenía otro nombre. En el décimo libro de *La República* de Platón está el sueño de Er. Ese soldado ve las almas que antes de beber en el río del Olvido, eligen su destino. Agamenón elige ser un águila, Orfeo un cisne y Ulises —que alguna vez se llamó Nadie— elige ser el más modesto y el más desconocido de los hombres.

Hay un pasaje de Empédocles de Agrigento que recuerda sus vidas anteriores: "Yo fui doncella, yo fui una rama, yo fui un ciervo y fui un mudo pez que surge del mar". César atribuye esa doctrina a los druidas. El poeta celta Taliesi dice que no hay una forma en el universo que no haya sido la suya: "He sido un jefe en la batalla, he sido una espada en la mano, he sido un puente que atraviesa sesenta ríos, estuve hechizado en la espuma del agua, he sido una estrella, he sido una luz, he sido un árbol, he sido una palabra en un libro, he sido un libro en el principio". Hay un poema de Darío, tal vez el más hermoso de los suyos, que empieza así: "Yo fui un soldado que durmió en el lecho / de Cleopatra la reina...".

La transmigración ha sido un gran tema de la literatura. La encontramos, también entre los místicos. Plotino dice que pasar de una vida a otra es como dormir en distintos lechos y en distintas habitaciones. Creo que todos hemos tenido alguna vez la sensación de haber vivido un momento parecido en vidas anteriores. En un hermoso poema de Dante Gabriel Rossetti, "Sudden light", se lee, *I have been here before*, "Yo estuve aquí". Se dirige a una mujer que ha poseído o que va a poseer y le dice: "Tú ya has sido mía y has sido mía un número infinito de veces y seguirás siendo mía infinitamente". Esto nos lleva a la doctrina de los ciclos, que está tan cerca del budismo, y que San Agustín refutó en *La Ciudad de Dios*.

Porque a los estoicos y a los pitagóricos les había llegado la noticia de la doctrina hindú: que el universo consta de un número infinito de ciclos que se miden por calpas. La calpa trasciende la imaginación de los hombres. Imaginemos una pared de hierro. Tiene dieciséis millas de alto y cada seiscientos años un ángel la roza. La roza con una tela finísima de Benares. Cuando la tela haya gastado la muralla que tiene dieciséis millas de alto, habrá pasado el primer día de una de las calpas y los dioses también duran lo que duran las calpas y después mueren.

La historia del universo está dividida en ciclos y en esos ciclos hay largos eclipses en los que no hay nada o en los que sólo quedan las palabras del Veda. Esas palabras son arquetipos que sirven para crear las cosas. La divinidad Brahma muere también y renace. Hay un momento bastante patético en el que Brahma se encuentra en su palacio. Ha renacido después de una de esas calpas, después de uno de esos eclipses. Recorre las habitaciones, que están vacías. Piensa en otros dioses. Los otros dioses surgen a su mandato; y creen que el Brahma los ha creado porque estaban ahí antes.

Detengámonos en esta visión de la historia del universo. En el budismo no hay un Dios; o puede haber un Dios pero no es lo esencial. Lo esencial es que creamos que nuestro destino ha sido prefijado por nuestro karma o karman. Si me ha tocado nacer en Buenos Aires en 1899, si me ha tocado ser ciego, si me ha tocado estar pronunciando esta noche esta conferencia ante ustedes, todo esto es obra de mi vida anterior. No hay un solo hecho de mi vida que no haya sido prefijado por mi vida anterior. Eso es lo que se llama el karma. El karma, ya lo he dicho, viene a ser una estructura mental, una finísima estructura mental.

Estamos tejiendo y entretejiendo en cada momento de nuestra vida. Es que tejen, no sólo nuestras voliciones, nuestros actos, nuestros semisueños, nuestro dormir, nuestra semivigilia: perpetuamente estamos tejiendo esa cosa. Cuando morimos, nace otro ser que hereda nuestro karma.

Deussen, discípulo de Schopenhauer, que quiso tanto al budismo, cuenta que se encontró en la India con un mendigo ciego y se compadeció de él. El mendigo le dijo: "Si yo he nacido ciego, ello se debe a las culpas cometidas en mi vida anterior; es justo que yo sea ciego". La gente acepta el dolor. Gandhi se opone a la fundación de hospitales diciendo que los hospitales y las obras de beneficencia simplemente atrasan el pago de una deuda, que no hay que ayudar a los demás: si los demás sufren deben sufrir puesto que es una culpa que tienen que pagar y si yo los ayudo estoy demorando que paguen esa deuda.

El karma es una ley cruel, pero tiene una curiosa consecuencia matemática: si mi vida actual está determinada por mi vida anterior, esa vida anterior estuvo determinada por otra; y ésa, por otra, y así sin fin. Es decir: la letra z estuvo determinada por la y, la y por la x, la x por la v, la v por la u, salvo que ese alfabeto tiene fin pero no tiene principio. Los budistas y los hindúes, en general, creen en un infinito actual; creen que para llegar a este momento ha pasado ya un tiempo infinito, y al decir infinito no quiero decir indefinido, innumerable, quiero decir estrictamente *infinito*.

De los seis destinos que están permitidos a los hombres (alguien puede ser un demonio, puede ser una planta, puede ser un animal), el más difícil es el de ser hombre, y debemos aprovecharlo para salvarnos.

El Buddha imagina en el fondo del mar una tortuga y una ajorca que flota. Cada seiscientos años, la tortuga saca la cabeza y sería muy raro que la cabeza calzara en la ajorca. Pues bien, dice el Buddha, "tan raro como el hecho de que suceda eso con la tortuga y la ajorca es el hecho de que seamos hombres. Debemos aprovechar el ser hombres para llegar al nirvana".

¿Cuál es la causa del sufrimiento, la causa de la vida, ya que negamos el concepto de un Dios, ya que no hay un dios personal que cree el universo? Ese concepto es lo que Buddha llama la zen. La palabra zen puede parecernos extraña, pero vamos a compararla con otras palabras que conocemos.

Pensemos por ejemplo en la Voluntad de Schopenhauer. Schopenhauer concibe *Die Welt als Wille und Vorstellung, El mundo como voluntad y representación*. Hay una voluntad que se encarna en cada uno de nosotros y produce esa representación que es el mundo. Eso lo encontramos en otros filósofos con un nombre distinto. Bergson habla del *élan vital*, del ímpetu vital; Bernard Shaw, de *the life force*, la fuerza vital, que es lo mismo. Pero hay una diferencia: para Bergson y para Shaw el *élan vital* son fuerzas que deben imponerse, debemos seguir soñando el mundo, creando el mundo. Para Schopenhauer, para el sombrío Schopenhauer, y para el Buddha, el mundo es un sueño, debemos dejar de soñarlo y podemos llegar a ello mediante largos ejercicios. Tenemos al principio el sufrimiento, que viene a ser la zen. Y la zen produce la vida y la vida es, forzosamente, desdicha; ya que ¿qué es vivir? Vivir es nacer, envejecer, enfermarse, morir, además de otros males, entre ellos uno muy patético, que para el Buddha es uno de los más patéticos: no estar con quienes queremos.

Tenemos que renunciar a la pasión. El suicidio no sirve porque es acto apasionado. El hombre que se suicida está siempre en el mundo de los sueños. Debemos llegar a comprender que el mundo es una aparición, un sueño, que la vida es sueño. Pero eso debemos sentirlo profundamente, llegar a ello a través de los ejercicios de meditación. En los monasterios budistas uno de los ejercicios es éste: el neófito tiene que vivir cada momento de su vida viviéndolo plenamente. Debe pensar: "Ahora es el mediodía, ahora estoy atravesando el patio, ahora me encontraré con el superior", y al mismo tiempo debe pensar que el mediodía, el patio y el superior son irreales, son tan irreales como él y como sus pensamientos. Porque el budismo niega el yo.

Una de las desilusiones capitales es la del yo. El budismo concuerda así con Hume, con Schopenhauer y con nuestro Macedonio Fernández. No hay un sujeto, lo que hay es una serie de estados mentales. Si digo "yo pienso", estoy incurriendo en un error, porque supongo un sujeto constante y luego una obra de ese sujeto, que es el pensamiento. No es así. Habría que decir, apunta Hume, no "yo pienso", sino "se piensa", como se dice "llueve". Al decir *llueve*, no pensamos que la lluvia ejerce una acción; no está *sucediendo* algo. De igual modo, como se dice hace calor, hace frío, llueve, debemos decir: se piensa, se sufre, y evitar el sujeto.

En los monasterios budistas los neófitos son sometidos a una disciplina muy dura. Pueden abandonar el monasterio en el momento que quieran. Ni siquiera —me dice María Kodama— se anotan los nombres. El neófito entra en el monasterio y lo someten a trabajos muy duros. Duerme y al cabo de un cuarto de hora lo despiertan; tiene que lavar, tiene que barrer; si se duerme lo castigan físicamente. Así, tiene que pensar todo el tiempo, no en sus culpas, sino en la irrealidad de todo. Tiene que hacer un continuo ejercicio de irrealidad.

Llegamos ahora al budismo zen y a Bodhidharma. Bodhidharma fue el primer misionero, en el siglo VI. Bodhidharma se traslada de la India a la China y se encuentra con un emperador que había fomentado el budismo y le enumera monasterios y santuarios y le informa del número de neófitos budistas. Bodhidharma le dice: "Todo eso pertenece al mundo de la ilusión; los monasterios y los monjes son tan irreales como tú y como yo". Después se va a meditar y se sienta contra una pared.

La doctrina llega al Japón y se ramifica en diversas sectas. La más famosa es la zen. En la zen se ha descubierto un procedimiento para llegar a la iluminación. Sólo sirve después de años de meditación. Se llega bruscamente; no se trata de una serie de silogismos. Uno debe intuir de pronto la verdad. El procedimiento se llama *satori* y consiste en un hecho brusco, que está más allá de la lógica.

Nosotros pensamos siempre en términos de sujeto, objeto, causa, efecto, lógico, ilógico, algo y su contrario; tenemos que rebasar esas categorías. Según los doctores de la zen, llegar a la verdad por una intuición brusca, mediante una respuesta ilógica. El neófito pregunta al maestro qué es el Buddha. El maestro le responde: "El ciprés es el huerto". Una contestación del todo ilógica que puede despertar la verdad. El neófito pregunta por qué Bodhidharma vino del Oeste. El maestro puede responder: "Tres libras de lino". Estas palabras no encierran un sentido alegórico; son una respuesta disparatada para despertar, de pronto, la intuición. Puede ser un golpe, también. El discípulo puede preguntar algo y el maestro puede contestar con un golpe. Hay una historia —desde luego tiene que ser legendaria— sobre Bodhidharma.

A Bodhidharma lo acompañaba un discípulo que le hacía preguntas y Bodhidharma nunca contestaba. El discípulo trataba de meditar y al cabo de un tiempo se cortó el brazo izquierdo y se presentó ante el maestro como una prueba de que quería ser su discípulo. Como una prueba de su intención se mutiló deliberadamente. El maestro, sin fijarse en el hecho, que al fin de todo era un hecho físico, un hecho ilusorio, le dijo: "¿Qué quieres?". El discípulo le respondió: "He estado buscando mi mente durante mucho tiempo y no la he encontrado". El maestro resumió: "No la has encontrado porque no existe". En ese momento el discípulo comprendió la verdad, comprendió que no existe el yo, comprendió que todo es irreal. Aquí tenemos, más o menos, lo esencial del budismo zen.

Es muy difícil exponer una religión, sobre todo una religión que uno no profesa. Creo que lo importante no es que vivamos el budismo como un juego de leyendas, sino como una disciplina; una disciplina que está a nuestro alcance y que no exige de nosotros el ascetismo. Tampoco nos permite abandonarnos a las licencias de la vida carnal. Lo que nos pide es la meditación, una meditación que no tiene que ser sobre nuestras culpas, sobre nuestra vida pasada.

Uno de los temas de meditación del budismo zen es pensar que nuestra vida pasada fue ilusoria. Si yo fuera un monje budista pensaría en este momento que he empezado a vivir ahora, que toda la vida anterior de Borges fue un sueño, que toda la historia universal fue un sueño. Mediante ejercicios de orden intelectual nos iremos liberando de la zen. Una vez que comprendamos que el yo no existe, no pensaremos que el yo pueda ser feliz o que nuestro deber es hacerlo feliz. Llegaremos a un estado de calma. Eso no quiere decir que el nirvana equivalga a la sensación del pensamiento y una prueba de ello estaría en la leyenda del Buddha. El Buddha, bajo la higuera sagrada, llega al nirvana, y, sin embargo, sigue viviendo y predicando la ley durante muchos años.

¿Qué significa llegar al nirvana? Simplemente, que nuestros actos ya no arrojan sombras. Mientras estamos en este mundo estamos sujetos al karma. Cada uno de nuestros actos entreteje esa estructura mental que se llama karma. Cuando hemos llegado al nirvana nuestros actos ya no proyectan sombras, estamos libres. San Agustín dijo que cuando estamos salvados no tenemos por qué pensar en el mal o en el bien. Seguiremos obrando el bien, sin pensar en ello.

¿Qué es el nirvana? Buena parte de la atención que ha suscitado el budismo en el Occidente se debe a esta hermosa palabra. Parece imposible que la palabra nirvana no encierre algo precioso. ¿Qué es el nirvana, literalmente? Es extinción, apagamiento. Se ha conjeturado que cuando alguien alcanza el nirvana, se apaga. Pero cuando muere, hay gran nirvana, y entonces, la extinción. Contrariamente, un orientalista austríaco hace notar que el Buddha usaba la física de su época, y la idea de la extinción no era entonces la misma que ahora: porque se pensaba que una llama, al apagarse, no desaparecía. Se pensaba que la llama seguía viviendo, que perduraba en otro estado, y decir nirvana no significaba forzosamente la extinción. Puede significar que seguimos de otro modo. De un modo inconcebible para nosotros. En general, las metáforas de los místicos son metáforas nunciales, pero las de los budistas son distintas. Cuando se habla del nirvana no se habla del vino del nirvana o de la rosa del nirvana o del abrazo del nirvana. Se lo compara, más bien, con una isla. Con una isla firme en medio de las tormentas. Se lo compara con una alta torre; puede comparárselo con un jardín, también. Es algo que existe por su cuenta, más allá de nosotros.

Lo que he dicho hoy es fragmentario. Hubiera sido absurdo que yo expusiera una doctrina a la cual he dedicado tantos años —y de la que he entendido poco, realmente— con ánimo de mostrar una pieza de museo. Para mí el budismo no es una pieza de museo: es un camino de salvación. No para mí, pero para millones de hombres. Es la religión más difundida del mundo y creo haberla tratado con todo respeto, al exponerla esta noche.

LA POESÍA

El panteísta irlandés Escoto Erígena dijo que la Sagrada Escritura encierra un número infinito de sentidos y la comparó con el plumaje tornasolado del pavo real. Siglos después un cabalista español dijo que Dios hizo la Escritura para cada uno de los hombres de Israel y por consiguiente hay tantas Biblias como lectores de la Biblia. Lo cual puede admitirse si pensamos que es autor de la Biblia y del destino de cada uno de sus lectores. Cabe pensar que estas dos sentencias, la del plumaje tornasolado del pavo real de Escoto Erígena, y la de tantas Escrituras como lectores del cabalista español, son dos pruebas, de la imaginación celta la primera y de la imaginación oriental la segunda. Pero me atrevo a decir que son exactas, no sólo en lo referente a la Escritura sino en lo referente a cualquier libro digno de ser releído.

Emerson dijo que una biblioteca es un gabinete mágico en el que hay muchos espíritus hechizados. Despiertan cuando los llamamos; mientras no abrimos un libro, ese libro, literalmente, geométricamente, es un volumen, una cosa entre las cosas. Cuando lo abrimos, cuando el libro da con su lector, ocurre el hecho estético. Y aun para el mismo lector el mismo libro cambia, cabe agregar, ya que cambiamos, ya que somos (para volver a mi cita predilecta) el río de Heráclito, quien dijo que el hombre de ayer no es el hombre de hoy y el de hoy no será el de mañana. Cambiamos incesantemente y es dable afirmar que cada lectura de un libro, que cada relectura, cada recuerdo de esa relectura, renuevan el texto. También el texto es el cambiante río de Heráclito.

Esto puede llevarnos a la doctrina de Croce, que no sé si es la más profunda pero sí la menos perjudicial: la idea de que la literatura es expresión. Lo que nos lleva a la otra doctrina de Croce, que suele olvidarse: si la literatura es expresión, la literatura está hecha de palabras y el lenguaje es también un fenómeno estético. Esto es algo que nos cuesta admitir:

el concepto de que el lenguaje es un hecho estético. Casi nadie profesa la doctrina de Croce y todos la aplican continuamente.

Decimos que el español es un idioma sonoro, que el inglés es un idioma de sonidos variados, que el latín tiene una dignidad singular a la que aspiran todos los idiomas que vinieron después: aplicamos a los idiomas categorías estéticas. Erróneamente, se supone que el lenguaje corresponde a la realidad, a esa cosa tan misteriosa que llamamos realidad. La verdad es que el lenguaje es otra cosa.

Pensemos en una cosa amarilla, resplandeciente, cambiante; esa cosa es a veces en el cielo, circular; otras veces tiene la forma de un arco, otras veces crece y decrece. Alguien —pero no sabremos nunca el nombre de ese alguien—, nuestro antepasado, nuestro común antepasado, le dio a esa cosa el nombre de *luna*, distinto en distintos idiomas y diversamente feliz. Yo diría que la voz griega *Selene* es demasiado compleja para la luna, que la voz inglesa *moon* tiene algo pausado, algo que obliga a la voz a la lentitud que conviene a la luna, que se parece a la luna, porque es casi circular, casi empieza con la misma letra con que termina. En cuanto a la palabra luna, esa hermosa palabra que hemos heredado del latín, esa hermosa palabra que es común al italiano, consta de dos sílabas, de dos piezas, lo cual, acaso, es demasiado. Tenemos *lua*, en portugués, que parece menos feliz; y *lune*, en francés, que tiene algo de misterioso.

Ya que estamos hablando en castellano, elijamos la palabra *luna*. Pensemos que alguien, alguna vez, inventó la palabra *luna*. Sin duda, la primera invención sería muy distinta. ¿Por qué no detenernos en el primer hombre que dijo la palabra luna con ese sonido o con otro?

Hay una metáfora que he tenido ocasión de citar más de una vez (perdónenme la monotonía, pero mi memoria es una vieja memoria de setenta y tantos años), aquella metáfora persa que dice que la luna es el espejo del tiempo. En la sentencia "espejo del tiempo" está la fragilidad de la luna y la eternidad también. Está esa contradicción de la luna, tan casi traslúcida, tan casi nada, pero cuya medida es la eternidad.

En alemán, la voz *luna* es masculina. Así Nietzsche pudo decir que la luna es un monje que mira envidiosamente a la tierra, o un gato, *Kater*, que pisa tapices de estrellas. También los géneros gramaticales influyen en la poesía. Decir luna o decir "espejo del tiempo" son dos hechos estéticos, salvo que la segunda es una obra de segundo grado, porque "espejo del tiempo" está hecha de dos unidades y "luna" nos da quizá aún más eficazmente la palabra, el concepto de la luna. Cada palabra es una obra poética.

Se supone que la prosa está más cerca de la realidad que la poesía. Entiendo que es un error. Hay un concepto que se atribuye al cuentista Horacio Quiroga, en el que dice que si un viento frío sopla del lado del río, hay que escribir simplemente: *un viento frío sopla del lado del río*. Quiroga, si es que dijo esto, parece haber olvidado que esa construcción es algo tan lejano de la realidad como el viento frío que sopla del lado del río. ¿Qué percepción tenemos? Sentimos el aire que se mueve, lo llamamos viento; sentimos que ese viento viene de cierto rumbo, del lado del río. Y con todo esto formamos algo tan complejo como un poema de Góngora o como una sentencia de Joyce. Volvamos a la frase "el viento que sopla del lado del río". Creamos un sujeto: *viento*; un verbo: que *sopla*; en una circunstancia real: *del lado del río*. Todo esto está lejos de la realidad; la realidad es algo más simple. Esa frase aparentemente prosaica, deliberadamente prosaica y común elegida por Quiroga es una frase complicada, es una estructura.

Tomemos el famoso verso de Carducci "el silencio verde de los campos". Podemos pensar que se trata de un error, que Carducci ha cambiado el sitio del epíteto; debió haber escrito "el silencio de los verdes campos". Astuta o retóricamente lo mudó y habló del verde silencio de los campos. Vayamos a la percepción de la realidad. ¿Qué es nuestra percepción? Sentimos varias cosas a un tiempo. (La palabra *cosa* es demasiado sustantiva, quizá.) Sentimos el campo, la vasta presencia del campo, sentimos el verdor y el silencio. Ya el hecho de que haya una palabra para *silencio* es una creación estética. Porque silencio se aplicó a personas, una persona está silenciosa o una campaña está silenciosa. Aplicar "silencio" a la circunstancia de que no haya ruido en el campo, ya es una operación estética, que sin duda fue audaz en su tiempo. Cuando Carducci dice "el silencio verde de los campos" está diciendo algo que está tan cerca y tan lejos de la realidad inmediata como si dijera "el silencio de los verdes campos".

Tenemos otro ejemplo famoso de hipálage, aquel insuperado verso de Virgilio *Ibant obscuri sola sub nocte per umbram*, "iban oscuros bajo la solitaria noche por la sombra". Dejemos el *per umbram* que redondea el verso y tomemos "iban oscuros [Eneas y la Sibila] bajo la solitaria noche" ("solitaria" tiene más fuerza en latín porque viene antes de *sub*). Podríamos pensar que se ha cambiado el lugar de las palabras, porque lo natural hubiera sido decir "iban solitarios bajo la oscura noche". Sin embargo, tratemos de recrear esa imagen, pensemos en Eneas y en la Sibila y veremos que está tan cerca de nuestra imagen decir "iban oscuros bajo la solitaria noche" como decir "iban solitarios bajo la oscura noche".

El lenguaje es una creación estética. Creo que no hay ninguna duda de ello, y una prueba es que cuando estudiamos un idioma, cuando estamos obligados a ver las palabras de cerca, las sentimos hermosas o no. Al estudiar un idioma, uno ve las palabras con lupa, piensa esta palabra es fea, ésta es linda, ésta es pesada. Ello no ocurre con la lengua materna, donde las palabras no nos parecen aisladas del discurso.

La poesía, dice Croce, es expresión si un verso es expresión, si cada una de las partes de que el verso está hecho, cada una de las palabras, es expresiva en sí misma. Ustedes dirán que es algo muy trillado, algo que todos saben. Pero no sé si lo sabemos; creo que lo sentimos por sabido porque es cierto. El hecho es que la poesía no son los libros en la biblioteca, no son los libros del gabinete mágico de Emerson.

La poesía es el encuentro del lector con el libro, el descubrimiento del libro. Hay otra experiencia estética que es el momento, muy extraño también, en el cual el poeta concibe la obra, en el cual va descubriendo o inventando la obra. Según se sabe, en latín las palabras "inventar" y "descubrir" son sinónimas. Todo esto está de acuerdo con la doctrina platónica, cuando dice que inventar, que descubrir, es recordar. Francis Bacon agrega que si aprender es recordar, ignorar es saber olvidar; ya todo está, sólo nos falta verlo.

Cuando yo escribo algo, tengo la sensación de que ese algo preexiste. Parto de un concepto general; sé más o menos el principio y el fin, y luego voy descubriendo las partes intermedias; pero no tengo la sensación de inventarlas, no tengo la sensación de que dependan de mi arbitrio; las cosas son así. Son así, pero están escondidas y mi deber de poeta es encontrarlas.

Bradley dijo que uno de los efectos de la poesía debe ser darnos la impresión, no de descubrir algo nuevo, sino de recordar algo olvidado. Cuando leemos un buen poema pensamos que también nosotros hubiéramos podido escribirlo; que ese poema preexistía en nosotros. Esto nos lleva a la definición platónica de la poesía: *esa cosa liviana, alada y sagrada*. Como definición es falible, ya que esa cosa liviana, alada y sagrada podría ser la música (salvo que la poesía es una forma de música). Platón ha hecho algo muy superior a definir la poesía: nos da un ejemplo de poesía. Podemos llegar al concepto de que la poesía es la experiencia estética: algo así como una revolución en la enseñanza de la poesía.

He sido profesor de literatura inglesa en la Facultad de Filosofía y Letras de la Universidad de Buenos Aires y he tratado de prescindir en lo posible de la historia de la literatura. Cuando mis estudiantes me pedían bibliografía yo les decía: "No importa la bibliografía; al fin de todo, Shakespeare no supo nada de bibliografía shakespeareana". Johnson no pudo prever los libros que se escribirían sobre él. "¿Por qué no estudian directamente los textos? Si estos textos les agradan, bien; y si no les agradan, déjenlos, ya que la idea de la lectura obligatoria es una idea absurda: tanto valdría hablar de felicidad obligatoria. Creo que la poesía es algo que se siente, y si ustedes no sienten la poesía, si no tienen sentimiento de belleza, si un relato no los lleva al deseo de saber qué ocurrió después, el autor no ha escrito para ustedes. Déjenlo de lado, que la literatura es bastante rica para ofrecerles algún autor digno de su atención, o indigno hoy de su atención y que leerán mañana."

Así he enseñado, ateniéndome al hecho estético, que no requiere ser definido. El hecho estético es algo tan evidente, tan inmediato, tan indefinible como el amor, el sabor de la fruta, el agua. Sentimos la poesía como sentimos la cercanía de una mujer, o como sentimos una montaña o una bahía. Si la sentimos inmediatamente, ¿a qué diluirla en otras palabras, que sin duda serán más débiles que nuestros sentimientos?

Hay personas que sienten escasamente la poesía; generalmente se dedican a enseñarla. Yo creo sentir la poesía y creo no haberla enseñado; no he enseñado el amor de tal texto, de tal otro: he enseñado a mis estudiantes a que quieran la literatura, a que vean en la literatura una forma de felicidad. Soy casi incapaz de pensamiento abstracto, ustedes habrán notado que estoy continuamente apoyándome en citas y recuerdos. Mejor que hablar abstractamente de poesía, que es una forma del tedio o de la haraganería, podríamos tomar dos textos en castellano y examinarlos.

Elijo dos textos muy conocidos porque ya he dicho que mi memoria es falible y prefiero un texto que ya está, que ya preexiste en la memoria de ustedes. Vamos a considerar aquel famoso soneto de Quevedo, escrito a la memoria de don Pedro Téllez Girón, duque de Osuna. Lo repetiré lentamente y luego volveremos a él, verso por verso:

> *Faltar pudo su patria al grande Osuna,*
> *pero no a su defensa sus hazañas;*
> *diéronle muerte y cárcel las Españas,*
> *de quien él hizo esclava la Fortuna.*
>
> *Lloraron sus invidias una a una*
> *con las proprias naciones las extrañas;*
> *su tumba son de Flandres las campañas,*
> *y su epitafio la sangrienta Luna.*
>
> *En sus exequias encendió al Vesubio*
> *Parténope y Trinacria al Mongibelo;*
> *el llanto militar creció en diluvio.*
>
> *Dióle el mejor lugar Marte en su cielo;*
> *la Mosa, el Rhin, el Tajo y el Danubio*
> *murmuran con dolor su desconsuelo.*

Lo primero que observo es que se trata de un alegato jurídico. El poeta quiere defender la memoria del duque de Osuna, que según él dice en otro poema "murió en prisión y muerto estuvo preso".

El poeta dice que España debe grandes servicios militares al duque y que le ha pagado con la cárcel. Estas razones carecen de todo valor, ya que no hay razón alguna para que un héroe no sea culpable o para que un héroe no sea castigado. Sin embargo,

> *Faltar pudo su patria al grande Osuna,*
> *pero no a su defensa sus hazañas;*
> *diéronle muerte y cárcel las Españas,*
> *de quien él hizo esclava la Fortuna,*

en un momento demagógico. Conste que no estoy hablando a favor ni en contra del soneto, estoy tratando de analizarlo.

> *Lloraron sus invidias una a una*
> *con las proprias naciones las extrañas.*

Estos dos versos no tienen mayor resonancia poética; fueron puestos por la necesidad de elaborar un soneto: están, además, las necesidades de la rima. Quevedo seguía la difícil forma del soneto italiano que exige cuatro rimas. Shakespeare siguió la más fácil del soneto isabelino, que exige dos. Agrega Quevedo:

su tumba son de Flandres las campañas,
y su epitafio la sangrienta Luna.

Aquí está lo esencial. Estos versos deben su riqueza a su ambigüedad. Recuerdo muchas discusiones sobre la interpretación de estos versos. ¿Qué significa "su tumba son de Flandres las campañas"? Podemos pensar en los campos de Flandres, en las campañas militares que libró el duque. "Y su epitafio la sangrienta Luna" es uno de los versos más memorables de la lengua española. ¿Qué significa? Pensamos en la luna sangrienta que figura en el Apocalipsis, pensamos en la luna debidamente roja sobre el campo de batalla, pero hay otro soneto de Quevedo, dedicado también al duque de Osuna, en el cual dice: "A las lunas de Tracia con sangriento / eclipse ya rubrica tu jornada". Quevedo habrá pensado, en principio, el pabellón otomano; la sangrienta luna habrá sido la medialuna roja. Creo que todos estaremos de acuerdo en no descartar ninguno de los sentidos; no vamos a decir que Quevedo se refirió a las jornadas militares, a la foja de servicios del duque o a la campaña de Flandres, o a la luna sangrienta sobre el campo de batalla, o a la bandera turca. Quevedo no dejó de percibir los diversos sentidos. Los versos son felices porque son ambiguos.

Luego:

*En sus exequias encendió al Vesubio
Parténope y Trinacria al Mongibelo.*

O sea que al Vesubio lo encendió Nápoles y Sicilia al Etna. Qué raro que haya puesto estos nombres antiguos que parecen alejar todo de los nombres tan ilustres de entonces. Y

el llanto militar creció en diluvio.

Aquí tenemos otra prueba de que una cosa es la poesía y otra el sentir racional; la imagen de los soldados que lloran hasta producir un diluvio es notoriamente absurda. No lo es el verso, que tiene sus leyes. El "llanto militar", sobre todo *militar*, es sorprendente. *Militar* es un adjetivo asombroso aplicado al llanto.

Luego:

LA POESÍA

Dióle el mejor lugar Marte en su cielo.

Tampoco, lógicamente, podemos justificarlo; no tiene sentido alguno pensar que Marte alojó al duque de Osuna junto a César. La frase existe por virtud del hipérbaton. Es la piedra de toque de la poesía: el verso existe más allá del sentido.

la Mosa, el Rhin, el Tajo y el Danubio
murmuran con dolor su desconsuelo.

Yo diría que estos versos que me han impresionado durante años son, sin embargo, esencialmente falsos. Quevedo se dejó arrastrar por la idea de un héroe llorado por la geografía de sus campañas y por ríos ilustres. Sentimos que sigue falsa; hubiera sido más verdadero decir la verdad, decir lo que dijo Wordsworth, por ejemplo, al cabo de aquel soneto en que ataca a Douglas por haber hecho talar una selva. Y dice, sí, que fue terrible lo que hizo Douglas con la selva, que había derribado una noble horda, "una fraternidad de árboles venerables", pero sin embargo, agrega, nosotros nos dolemos de males que a la naturaleza misma no le importan, ya que el río Tweed y las verdes praderas y las colinas y las montañas continúan. Sintió que podía lograrse un mejor efecto con la verdad. Diciendo la verdad, nos duele que hayan talado esos hermosos árboles, pero a la naturaleza nada le importa. La naturaleza sabe (si es que existe un ente que se llame naturaleza) que puede renovarlos y el río sigue corriendo.

Es verdad que para Quevedo se trataba de las divinidades de los ríos. Quizá hubiera sido más poética la idea de que a los ríos de las guerras del duque no les importara la muerte del de Osuna. Pero Quevedo quería hacer una elegía, un poema sobre la muerte de un hombre. ¿Qué es la muerte de un hombre? Con él muere una cara que no se repetirá, según observó Plinio. Cada hombre tiene su cara única y con él mueren miles de circunstancias, miles de recuerdos. Recuerdos de infancia y rasgos humanos, demasiado humanos. Quevedo no parece sentir nada de esto. Había muerto en la cárcel su amigo, el duque de Osuna, y Quevedo escribe este soneto con frialdad; sentimos su esencial indiferencia. Lo escribe como un alegato contra el estado que condenó a prisión al duque. Parecería que no lo quiere a Osuna; en todo caso, no hace que lo queramos nosotros. Sin embargo, es uno de los grandes sonetos de nuestra lengua.

Pasemos a otro, de Enrique Banchs. Sería absurdo decir que Banchs es mejor poeta que Quevedo. Además, ¿qué significan esas comparaciones?

Consideremos este soneto de Banchs y en qué reside su agrado:

> *Hospitalario y fiel en su reflejo*
> *donde a ser apariencia se acostumbra*
> *el material vivir, está el espejo*
> *como un claro de luna en la penumbra.*
>
> *Pompa le da en las noches la flotante*
> *claridad de la lámpara, y tristeza*
> *la rosa que en el vaso agonizante*
> *también en él inclina la cabeza.*
>
> *Si hace doble al dolor, también repite*
> *las cosas que me son jardín del alma*
> *y acaso espera que algún día habite*
>
> *en la ilusión de su azulada calma*
> *el Huésped que le deje reflejadas*
> *frentes juntas y manos enlazadas.*

Este soneto es muy curioso, porque el espejo no es el protagonista: hay un protagonista secreto que nos es revelado al fin. Ante todo tenemos el tema, tan poético: el espejo que duplica la apariencia de las cosas:

*donde a ser apariencia se acostumbra
el material vivir...*

Podemos recordar a Plotino. Quisieron hacerle un retrato y se negó: "Yo mismo soy una sombra, una sombra del arquetipo que está en el cielo. A qué hacer una sombra de esa sombra". Qué es el arte, pensaba Plotino, sino una apariencia de segundo grado. Si el hombre es deleznable, cómo puede ser adorable una imagen del hombre. Eso lo sintió Banchs; sintió la fantasmidad del espejo.

Realmente es terrible que haya espejos: siempre he sentido el terror de los espejos. Creo que Poe lo sintió también. Hay un trabajo suyo, uno de los menos conocidos, sobre el decorado de las habitaciones. Una de las condiciones que pone es que los espejos estén situados de modo que una persona sentada no se refleje. Esto nos informa de su temor de verse en el espejo. Lo vemos en su cuento "William Wilson" sobre el doble y en el cuento de *Arthur Gordon Pym*. Hay una tribu antártica, un hombre de esa tribu que ve por primera vez un espejo y cae horrorizado.

Nos hemos acostumbrado a los espejos, pero hay algo de temible en esa duplicación visual de la realidad. Volvamos al soneto de Banchs. "Hospitalario" ya le da un rasgo humano que es un lugar común. Sin embargo, nunca hemos pensado que los espejos son hospitalarios. Los espejos están recibiendo todo en silencio, con amable resignación:

> *Hospitalario y fiel en su reflejo*
> *donde a ser apariencia se acostumbra*
> *el material vivir, está el espejo*
> *como un claro de luna en la penumbra.*

Vemos el espejo, también luminoso, y además lo compara con algo intangible como la luna. Sigue sintiendo lo mágico y lo extraño del espejo: "Como un claro de luna en la penumbra".
Luego:

> *Pompa le da en las noches la flotante*
> *claridad de la lámpara...*

La "flotante claridad" quiere que las cosas no sean definidas; todo tiene que ser impreciso como el espejo, el espejo de la penumbra. Tiene que ocurrir en la tarde o en la noche. Y así:

> *... la flotante*
> *claridad de la lámpara, y tristeza*
> *la rosa que en el vaso agonizante*
> *también en él inclina la cabeza.*

Para que todo no sea vago, tenemos ahora una rosa, una precisa rosa.

> *Si hace doble al dolor, también repite*
> *las cosas que me son jardín del alma*
> *y acaso espera que algún día habite*
>
> *en la ilusión de su azulada calma*
> *el Huésped que le deje reflejadas*
> *frentes juntas y manos enlazadas...*

Aquí llegamos al tema del soneto, que no es el espejo sino el amor, el pudoroso amor. El espejo no espera ver reflejadas frentes juntas y manos enlazadas, es el poeta quien espera verlas. Pero una suerte de pudor lo lleva a decir todo eso de manera indirecta y esto está admirablemente preparado, ya que desde el principio tenemos "hospitalario y fiel", ya desde el principio el espejo no es el espejo de cristal o de metal. El espejo es un ser humano, es hospitalario y fiel y luego nos acostumbra a que veamos el mundo apariencial, un mundo apariencial que al final se identifica con el poeta. El poeta es el que quiere ver al Huésped, el amor.

Hay una diferencia esencial con el soneto de Quevedo, y es que sentimos de inmediato la vívida presencia de la poesía en aquellos dos versos

>*su tumba son de Flandres las campañas*
>*y su epitafio la sangrienta Luna.*

He hablado de los idiomas y de lo injusto que es comparar un idioma con otro; creo que hay un argumento que es suficiente y es que si pensamos en un verso, una estrofa española por ejemplo, si pensamos

>*quién hubiera tal ventura*
>*sobre las aguas del mar*
>*como hubo el conde Arnaldos*
>*la mañana de San Juan*

no importa que esa ventura fuera un barco, no importa el conde Arnaldos, sentimos que esos versos sólo pudieron haberse dicho en español. El sonido del francés no me agrada, creo que le falta la sonoridad de otros idiomas latinos, pero ¿cómo podría pensar mal de un idioma que ha permitido versos admirables como el de Hugo,

> *L'hydre-Univers tordant son corps écaillé d'astres,*

cómo censurar a un idioma sin el cual serían imposibles esos versos?

En cuanto al inglés, creo que tiene el defecto de haber perdido las vocales abiertas del inglés antiguo. Sin embargo, ello posibilitó a Shakespeare versos como

> *And shake the yoke of inauspicious stars*
> *From this worldweary flesh*

que malamente se traduce por "y sacudir de nuestra carne harta del mundo el yugo de las infaustas estrellas". En español no es nada; es todo, en inglés. Si tuviera que elegir un idioma (pero no hay ninguna razón para que no elija a todos), para mí ese idioma sería el alemán, que tiene la posibilidad de formar palabras compuestas (como el inglés y aún más) y que tiene vocales abiertas y una música tan admirable. En cuanto al italiano, basta la *Comedia*.

Nada tiene de extraño tanta belleza desparramada por diversos idiomas. Mi maestro, el gran poeta judeo-español Rafael CansinosAsséns, legó una plegaria al Señor en la que dice "Oh, Señor, que no haya tanta belleza"; y Browning: "Cuando nos sentimos más seguros ocurre algo, una puesta de sol, el final de un coro de Eurípides, y otra vez estamos perdidos".

La belleza está acechándonos. Si tuviéramos sensibilidad, la sentiríamos así en la poesía de todos los idiomas.

Yo debí estudiar más las literaturas orientales; sólo me asomé a ellas a través de traducciones. Pero he sentido el golpe, el impacto de la belleza. Por ejemplo, esa línea del persa Jafez: "Vuelo, mi polvo será lo que soy". Está en ella toda la doctrina de la trasmigración: "Mi polvo será lo que soy", renaceré otra vez, otra vez, en otro siglo, seré Jafez, el poeta. Todo esto dado en unas pocas palabras que he leído en inglés, pero no pueden ser muy distintas del persa.

Mi polvo será lo que soy es demasiado sencillo para haber sido cambiado.

Creo que es un error estudiar la literatura históricamente, aunque quizá para nosotros, sin excluirme, no pueda ser de otro modo. Hay un libro de un hombre que para mí fue un excelente poeta y un mal crítico, Marcelino Menéndez y Pelayo, que se titula *Las cien mejores poesías castellanas*. Encontramos ahí: "Ande yo caliente, y ríase la gente". Si ésa es una de las mejores poesías castellanas, nos preguntamos cómo serán las no mejores. Pero en el mismo libro encontramos los versos de Quevedo que he citado y la "Epístola" del Anónimo Sevillano y tantas otras poesías admirables. Desgraciadamente no hay ninguna de Menéndez y Pelayo, que se excluyó de su antología.

La belleza está en todas partes, quizá en cada momento de nuestra vida. Mi amigo Roy Bartholomew, que vivió algunos años en Persia y tradujo directamente del farsí a Omar Jaiam, me dijo lo que yo ya sospechaba: que en el Oriente, en general, no se estudian históricamente la literatura ni la filosofía. De ahí el asombro de Deussen y Max Müller, que no pudieron fijar la cronología de los autores. Se estudia la historia de la filosofía como diciendo

LA POESÍA

Aristóteles discute con Bergson, Platón con Hume, todo simultáneamente.

Concluiré citando tres plegarias de marineros fenicios. Cuando la nave estaba a punto de hundirse —estamos en el primer siglo de nuestra era—, rezaban alguna de esas tres. Dice una de ellas:

Madre de Cartago, devuelvo el remo,

Madre de Cartago es la ciudad de Tiro, de donde procedía Dido. Y luego, "devuelvo el remo". Hay aquí algo extraordinario: el fenicio que sólo concibe la vida como remero. Ha cumplido su vida y devuelve el remo para que otros sigan remando.

Otra de las plegarias, más patética aún:

Duermo, luego vuelvo a remar.

El hombre no concibe otro destino; y asoma la idea del tiempo cíclico.

Por último, ésta que es harto conmovedora y que es distinta de las otras porque no implica la aceptación del destino; es el hecho desesperado de un hombre que va a morir, que va a ser juzgado por terribles divinidades y dice:

> *Dioses, no me juzguéis como un dios*
> *sino como un hombre*
> *a quien ha destrozado el mar.*

En estas tres plegarias sentimos inmediatamente, o yo siento inmediatamente, la presencia de la poesía. En ellas está el hecho estético, no en bibliotecas ni en bibliografías ni en estudios sobre familias de manuscritos ni en volúmenes cerrados.

He leído esas tres plegarias de marineros fenicios en el cuento de Kipling "The Manner of Men", un cuento sobre San Pablo. ¿Son auténticas, como malamente se diría, o las escribió Kipling, el gran poeta? Después de formularme la pregunta sentí vergüenza, porque ¿qué importancia puede tener elegir? Veamos las dos posibilidades, los dos cuernos del dilema.

En el primer caso, se trata de plegarias de marineros fenicios, gente de mar, que sólo concebían la vida en el mar. Del fenicio, digamos, pasaron al griego; del griego al latín, del latín al inglés. Kipling las reescribió.

En el segundo, un gran poeta, Rudyard Kipling, se imagina a los marineros fenicios; de algún modo, está cerca de ellos; de algún modo, *es* ellos. Concibe la vida como la vida del mar y lleva puesta en su boca esas plegarias. Todo ocurrió en el pasado: los anónimos marineros fenicios han muerto, Kipling ha muerto. ¿Qué importa cuál de esos fantasmas escribió o pensó los versos?

Una curiosa metáfora de un poeta hindú, que no sé si puedo apreciar del todo, dice: "El Himalaya, esas altas montañas del Himalaya [cuyas cumbres son, según Kipling, las rodillas de otras montañas], el Himalaya es la risa de Shiva". Las altas montañas son la risa de un dios, de un dios terrible. La metáfora es, en todo caso, asombrosa.

Tengo para mí que la belleza es una sensación física, algo que sentimos con todo el cuerpo. No es el resultado de un juicio, no llegamos a ella por medio de reglas; sentimos la belleza o no la sentimos.

Voy a concluir con un alto verso del poeta que en el siglo XVII tomó el nombre extrañamente poético, real, de Angelus Silesius. Viene a ser el resumen de todo cuanto he dicho esta noche, salvo que yo lo he dicho por medio de razonamientos o de simulados razonamientos: lo diré primero en español y después en alemán, para que lo oigan ustedes:

La rosa es sin porqué; florece porque florece.

Die Rose ist ohne warum; sie blühet weil sie blühet.

LA CÁBALA

Las diversas y a veces contradictorias doctrinas que llevan el nombre de la cábala proceden de un concepto del todo ajeno a nuestra mente occidental, el de un libro sagrado. Se dirá que tenemos un concepto análogo: el de un libro clásico. Creo que me será fácil demostrar, con ayuda de Oswald Spengler y su libro *Der Untergang des Abendlandes, La decadencia de Occidente*, que ambos conceptos son distintos.

Tomemos la palabra *clásico*. ¿Qué significa etimológicamente? Clásico tiene su etimología en *classis*: "fragata", "escuadra". Un libro clásico es un libro ordenado, como todo tiene que estarlo a bordo; *shipshape*, como se dice en inglés. Además de ese sentido relativamente modesto, un libro clásico es un libro eminente en su género. Así decimos que el *Quijote*, que la *Comedia*, que *Fausto* son libros clásicos.

Aunque el culto de esos libros ha sido llevado a un extremo acaso excesivo, el concepto es distinto. Los griegos consideraban obras clásicas a la *Ilíada* y a la *Odisea*; Alejandro, según informa Plutarco, tenía siempre, debajo de su almohada, la *Ilíada* y su espada, los dos símbolos de su destino de guerrero. Sin embargo, a ningún griego se le ocurrió que la *Ilíada* fuese perfecta palabra por palabra. En Alejandría, los bibliotecarios se congregaron para estudiar la *Ilíada* y en el curso de ese estudio inventaron los tan necesarios (y a veces, ahora, desgraciadamente olvidados) signos de puntuación. La *Ilíada* era un libro eminente; se lo consideraba el ápice de la poesía, pero no se creía que cada palabra, que cada hexámetro fueran inevitablemente admirables. Ello corresponde a otro concepto.

Dijo Horacio: "A veces, el buen Homero se queda dormido". Nadie diría que, a veces, el buen Espíritu Santo se queda dormido.

A pesar de la musa (el concepto de la musa es bastante vago) algún traductor inglés ha creído que cuando Homero dice: "Un hombre iracundo, tal es mi tema", *An angry man, this is muy subject*, no se veía al libro como admirable letra por letra: se lo veía como cambiable y se lo estudiaba históricamente; se estudiaban y se estudian esas obras de un modo histórico; se las sitúa dentro de un contexto. El concepto de un libro sagrado es del todo distinto.

Ahora pensamos que un libro es un instrumento para justificar, defender, combatir, exponer o historiar una doctrina. En la Antigüedad se pensaba que un libro es un sucedáneo de la palabra oral: sólo se lo veía así. Recordemos el pasaje de Platón donde dice que los libros son como las estatuas; parecen seres vivos pero cuando se les pregunta algo, no saben contestar. Para obviar esa dificultad inventó el diálogo platónico, que explora todas las posibilidades de un tema.

Tenemos también la carta, muy linda y muy curiosa, que Alejandro de Macedonia le envía, según Plutarco, a Aristóteles. Éste acaba de publicar su *Metafísica*, es decir, de mandar hacer varias copias. Alejandro lo censura, diciéndole que ahora todos podrían saber lo que antes sabían los elegidos. Aristóteles le responde defendiéndose, sin duda con sinceridad: "Mi tratado ha sido publicado y no publicado". No se pensaba que un libro expusiera totalmente un tema, se lo tenía como una suerte de guía para acompañar a una enseñanza oral.

Heráclito y Platón censuraron, por distintas razones, la obra de Homero. Esos libros eran venerados pero no se los consideraba sagrados. El concepto es específicamente oriental.

Pitágoras no dejó una línea escrita. Se conjetura que no quería atarse a un texto. Quería que su pensamiento siguiera viviendo y ramificándose, en la mente de sus discípulos, después de su muerte. De ahí proviene el *magister dixit*, que siempre se emplea mal. *Magister dixit* no quiere decir el maestro lo ha dicho, y queda cerrada la discusión. Un pitagórico proclamaba una doctrina que quizá no estaba en la tradición de Pitágoras, por ejemplo la doctrina del tiempo cíclico. Si lo atajaban "eso no está en la tradición", respondía *magister dixit*, lo que le permitía innovar. Pitágoras había pensado que los libros atan, o, para decirlo en palabras de la Escritura, que la letra mata y el espíritu vivifica.

Señala Spengler en el capítulo de *Der Untergang des Abendlandes* consagrado a la cultura mágica que el prototipo de libro mágico es el Corán. Para los ulemas, para los doctores de la ley musulmanes, el Corán no es un libro como los demás. Es un libro (esto es increíble pero es así) anterior a la lengua árabe; no se lo puede estudiar ni histórica ni filológicamente pues es anterior a los árabes, anterior a la lengua en que está y anterior al universo. Ni siquiera se admite que el Corán sea obra de Dios; es algo más íntimo y misterioso. Para los musulmanes ortodoxos el Corán es un atributo de Dios, como Su ira, Su misericordia o Su justicia. En el mismo Corán se habla de un libro misterioso, *la madre del libro*, que es el arquetipo celestial del Corán, que está en el cielo y que veneran los ángeles.

Tal la noción de un libro sagrado, del todo distinta de la noción de un libro clásico. En un libro sagrado son sagradas no sólo sus palabras sino las letras con que fueron escritas. Ese concepto lo aplicaron los cabalistas al estudio de la Escritura. Sospecho que el *modus operandi* de los cabalistas fue debido al deseo de incorporar pensamientos gnósticos a la mística judía, para justificarse con la Escritura, para ser ortodoxos. En todo caso, podemos ver muy ligeramente (yo casi no tengo derecho a hablar de esto) cuál es o cuál fue el *modus operandi* de los cabalistas, que empezaron aplicando su extraña ciencia en el sur de Francia, en el norte de España —en Cataluña—, y luego en Italia, en Alemania y un poco en todas partes. También llegaron a Israel, aunque no procedieron de allí; procedían, más bien, de pensadores gnósticos y cátaros.

La idea es ésta: el Pentateuco, la Torá, es un libro sagrado. Una inteligencia infinita ha condescendido a la tarea humana de redactar un libro. El Espíritu Santo ha condescendido a la literatura, lo cual es tan increíble como suponer que Dios condescendió a ser hombre. Pero aquí condescendió de modo más íntimo: el Espíritu Santo condescendió a la literatura y escribió un libro. En ese libro, nada puede ser casual. En toda escritura humana hay algo casual.

Es conocida la veneración supersticiosa con que se rodea al *Quijote*, a *Macbeth* o a la *Chanson de Roland*, como a tantos otros libros, generalmente uno en cada país, salvo en Francia, cuya literatura es tan rica que admite, por lo menos, dos tradiciones clásicas; pero no entraré en ello.

Pues bien; si a un cervantista se le ocurriera decir: el *Quijote* empieza con dos palabras monosilábicas terminadas en *n*: (*en* y *un*), y sigue con una de cinco letras (*lugar*), con dos de dos letras (*de la*), con una de cinco o de seis (*Mancha*), y luego se le ocurriera derivar conclusiones de eso, inmediatamente se pensaría que está loco. La Biblia ha sido estudiada de ese modo.

Se dice, por ejemplo, que empieza con la letra *bet*, inicial de *Breshit*. ¿Por qué dice "en el principio, creó dioses los cielos y la tierra", el verbo en singular y el sujeto en plural? ¿Por qué empieza con la *bet*? Porque esa letra inicial, en hebreo, debe decir lo mismo que *b* —la inicial de *bendición*— en español, y el texto no podía empezar con una letra que correspondiera a una maldición; tenía que empezar con una bendición. *Bet*: inicial hebrera de *brajá*, que significa *bendición*.

Hay otra circunstancia, muy curiosa, que tiene que haber influido en la cábala: Dios, cuyas palabras fueron el instrumento de su obra (según dice el gran escritor Saavedra Fajardo), crea el mundo mediante palabras; Dios dice que la luz sea y la luz fue. De ahí se llegó a la conclusión de que el mundo fue creado por la palabra *luz* o por la entonación con que Dios dijo la palabra *luz*. Si hubiera dicho otra palabra y con otra entonación, el resultado no habría sido la luz, habría sido otro.

Llegamos a algo tan increíble como lo dicho hasta ahora. A algo que tiene que chocar a nuestra mente occidental (que choca a la mía), pero que es mi deber referir. Cuando pensamos en las palabras, pensamos históricamente que las palabras fueron en un principio sonido y que luego llegaron a ser letras. En cambio, en la cábala (que quiere decir *recepción, tradición*) se supone que las letras son anteriores; que las letras fueron los instrumentos de Dios, no las palabras significadas por las letras. Es como si se pensara que la escritura, contra toda experiencia, fue anterior a la dicción de las palabras. En tal caso, nada es casual en la Escritura: todo tiene que ser determinado. Por ejemplo, el número de las letras de cada versículo.

Luego se inventan equivalencias entre las letras. Se trata a la Escritura como si fuera una escritura cifrada, criptográfica, y se inventan diversas leyes para leerla. Se puede tomar cada letra de la Escritura y ver que esa letra es inicial de otra palabra y leer esa otra palabra significada. Así, para cada una de las letras del texto.

También pueden formarse dos alfabetos: uno, digamos, de la *a* a la *l* y otro de la *m* a la *z*, o lo que fueran en letras hebreas; se considera que las letras de arriba equivalen a las de abajo. Luego se puede leer el texto (para usar la palabra griega) *boustróphedon*: es decir, de derecha a izquierda, luego de izquierda a derecha, luego de derecha a izquierda. También cabe atribuir a las letras un valor numérico. Todo esto forma una criptografía, puede ser descifrado y los resultados son atendibles, ya que tienen que haber sido previstos por la inteligencia de Dios, que es infinita. Se llega así, mediante esa criptografía, mediante ese trabajo que recuerda el del "Escarabajo de oro" de Poe, a la Doctrina.

Sospecho que la doctrina fue anterior al *modus operandi*. Sospecho que ocurre con la cábala lo que ocurre con la filosofía de Spinoza: el orden geométrico fue posterior. Sospecho que los cabalistas fueron influidos por los gnósticos y que, para que todo entroncara con la tradición hebrea, buscaron ese extraño modo de descifrar letras.

El curioso *modus operandi* de los cabalistas está basado en una premisa lógica: la idea de que la Escritura es un texto absoluto, y en un texto absoluto nada puede ser obra del azar.

No hay textos absolutos; en todo caso los textos humanos no lo son. En la prosa se atiende más al sentido de las palabras; en el verso, al sonido. En un texto redactado por una inteligencia infinita, en un texto redactado por el Espíritu Santo, ¿cómo suponer un desfallecimiento, una grieta? Todo tiene que ser fatal. De esa fatalidad los cabalistas dedujeron su sistema.

Si la Sagrada Escritura no es una escritura infinita, ¿en qué se diferencia de tantas escrituras humanas, en qué difiere el *Libro de los Reyes* de un libro de historia, en qué el *Cantar de los Cantares* de un poema? Hay que suponer que todos tienen infinitos sentidos. Escoto Erígena dijo que la Biblia tiene infinitos sentidos, como el plumaje tornasolado de un pavo real.

Otra idea es que hay cuatro sentidos en la Escritura. El sistema podría enunciarse así: en el principio hay un Ser análogo al Dios de Spinoza, salvo que el Dios de Spinoza es infinitamente rico; en cambio, el *En soph* vendría a ser para nosotros infinitamente pobre. Se trata de un Ser primordial y de ese Ser no podemos decir que existe, pues si decimos que existe entonces también existen las estrellas, los hombres existen, las hormigas. ¿Cómo pueden participar de esa misma categoría? No, ese Ser primordial no existe. Tampoco podemos decir que piensa, porque pensar es un proceso lógico, se pasa de una premisa a una conclusión. Tampoco podemos decir que quiere, porque querer una cosa es sentir que nos falta. Tampoco, que obra. El *En soph* no obra, porque obrar es proponerse un fin y ejecutarlo. Además, si el *En soph* es infinito (diversos cabalistas lo comparan con el mar, que es un símbolo del infinito), ¿cómo puede querer *otra cosa*? Y ¿qué otra cosa podría crear sino otro Ser infinito que se confundiría con él? Ya que desdichadamente es necesaria la creación del mundo, tenemos diez emanaciones, las *Sephiroth* que surgen de Él, pero que no son posteriores a Él.

La idea del Ser eterno que siempre ha tenido esas diez emanaciones es de difícil comprensión. Esas diez emanaciones emanan una de otra. El texto nos dice que corresponden a los dedos de la mano. La primera emanación se llama la Corona y es comparable a un rayo de luz que surge del *En soph*, un rayo de luz que no lo disminuye, un ser ilimitado al que no se puede disminuir. De la Corona surge otra emanación, de ésa, otra, de ésa, otra, y así hasta completar diez. Cada emanación es tripartita. Una de las tres partes es aquella por la cual se comunica con el Ser Superior; otra, la central, es la esencial; otra, la que le sirve para comunicarse con la emanación inferior.

Las diez emanaciones forman un hombre que se llama el Adam Kadmon, el Hombre Arquetipo.

Ese hombre está en el cielo y nosotros somos su reflejo. Ese hombre, de esas diez emanaciones, emana un mundo, emana otro, hasta cuatro. El tercero es nuestro mundo material y el cuarto es el mundo infernal. Todos están incluidos en el Adam Kadmon, que comprende al hombre y su microcosmo: todas las cosas.

No se trata de una pieza de museo de la historia de la filosofía; creo que este sistema tiene una aplicación: puede servirnos para pensar, para tratar de comprender el universo. Los gnósticos fueron anteriores a los cabalistas en muchos siglos; tienen un sistema parecido, que postula un Dios indeterminado. De ese Dios que se llama *Pleroma* (la Plenitud), emana otro Dios (estoy siguiendo la versión perversa de Ireneo), y de ese Dios emana otra emanación, y de esa emanación otra, y de ésa, otra, y cada una de ellas constituye un cielo (hay una torre de emanaciones). Llegamos al número trescientos sesenta y cinco, porque la astrología anda entreverada. Cuando llegamos a la última emanación, aquella en que la parte de Divinidad tiende a cero, nos encontramos con el Dios que se llama Jehová y que crea este mundo.

¿Por qué crea este mundo tan lleno de errores, tan lleno de horror, tan lleno de pecados, tan lleno de dolor físico, tan lleno de sentimiento de culpa, tan lleno de crímenes? Porque la Divinidad ha ido disminuyéndose y al llegar a Jehová crea este mundo falible.

Tenemos el mismo mecanismo en las diez *Sephiroth* y en los cuatro mundos que va creando. Esas diez emanaciones, a medida que se alejan del *En soph*, de lo ilimitado, de lo oculto, de *los ocultos* —como lo llaman en su lenguaje figurado los cabalistas—, van perdiendo fuerza, hasta llegar a la que crea este mundo, este mundo en el que estamos nosotros, tan llenos de errores, tan expuestos a la desdicha, tan momentáneos en la dicha. No es una idea absurda; estamos enfrentados con un problema eterno que es el problema del mal, tratado espléndidamente en el Libro de Job que, según Froude, es la obra mayor de todas las literaturas.

Ustedes recordarán la historia de Job. El hombre justo perseguido, el hombre que quiere justificarse ante Dios, el hombre condenado por sus amigos, el hombre que cree haberse justificado y al final Dios le habla desde el torbellino. Le dice que Él está más allá de las medidas humanas. Toma dos curiosos ejemplos, el elefante y la ballena, y dice que Él los ha creado. Debemos sentir, observa Max Brod, que el elefante, *Behemoth* ("los animales") es tan grande que tiene nombre en plural, y luego *Leviatán* puede ser dos monstruos, la ballena o el cocodrilo. Dice que Él es tan incomprensible como esos monstruos y no puede ser medido por los hombres.

A lo mismo llega Spinoza, cuando dice que dar atributos humanos a Dios es como si un triángulo dijera que Dios es eminentemente triangular. Decir que Dios es justo, misericordioso, es tan antropomórfico como afirmar que Dios tiene cara, ojos o manos.

Tenemos, pues, una Divinidad superior y tenemos otras emanaciones inferiores. Emanaciones parece la palabra más inofensiva para que Dios no tenga la culpa; para que la culpa sea, como dijo Schopenhauer, no del rey sino de sus ministros, y para que esas emanaciones produzcan este mundo.

Se han intentado algunas defensas del mal. Para empezar, la defensa clásica de los teólogos, que declara que el mal es negativo y que decir "el mal" es decir simplemente ausencia del bien; lo cual, para todo hombre sensible, es evidentemente falso. Un dolor físico cualquiera es tan vívido o más vívido que cualquier placer. La desdicha no es la ausencia de dicha, es algo positivo; cuando somos desdichados lo sentimos como una desdicha.

Hay un argumento, muy elegante pero muy falso, de Leibniz, para defender la existencia del mal. Imaginemos dos bibliotecas. La primera está hecha de mil ejemplares de la *Eneida*, que se supone un libro perfecto y que acaso lo es. La otra contiene mil libros de valor heterogéneo y uno de ellos es la *Eneida*. ¿Cuál de las dos es superior? Evidentemente, la segunda. Leibniz llega a la conclusión de que el mal es necesario para la variedad del mundo.

Otro ejemplo que suele tomarse es el de un cuadro, un cuadro hermoso, digamos de Rembrandt. En la tela hay lugares oscuros que pueden corresponder al mal. Leibniz parece olvidar, cuando toma el ejemplo de las telas o el de los libros, que una cosa es que *haya* malos libros en una biblioteca y otra es *ser* esos libros. Si nosotros *somos* alguno de esos libros estamos condenados al infierno.

No todos tienen el éxtasis —y no sé si siempre lo tuvo— de Kierkegaard, quien dijo que si había una sola alma en el infierno, necesaria para la variedad del mundo, y esa alma fuera la suya, cantaría desde el fondo del infierno la alabanza del Todopoderoso.

No sé si es fácil sentirse así; no sé si después de algunos minutos de infierno Kierkegaard hubiera seguido pensando igual. Pero la idea, como ustedes ven, se refiere a un problema esencial, el de la existencia del mal, que los gnósticos y los cabalistas resuelven del mismo modo.

Lo resuelven diciendo que el universo es obra de una Divinidad deficiente, cuya fracción de divinidad tiende a cero. Es decir, de un Dios que no es *el* Dios. De un Dios que desciende lejanamente de Dios. No sé si nuestra mente puede trabajar con palabras tan vastas y vagas como Dios, como Divinidad, o con la doctrina de Basílides de las trescientas sesenta y cinco emanaciones de los gnósticos. Sin embargo, podemos aceptar la idea de una divinidad deficiente, de una divinidad que tiene que amasar este mundo con material adverso. Llegaríamos así a Bernard Shaw, quien dijo *God is in the making*, "Dios está haciéndose". Dios es algo que no pertenece al pasado, que quizá no pertenezca al presente: es la Eternidad. Dios es algo que puede ser futuro: si nosotros somos magnánimos, incluso si somos inteligentes, si somos lúcidos, estaremos ayudando a construir a Dios.

En *El fuego imperecedero* de Wells el argumento sigue el del Libro de Job y su héroe se le parece. El personaje, cuando está bajo la anestesia, sueña que entra en un laboratorio. La instalación es pobre y allí trabaja un hombre viejo. El hombre viejo es Dios; se muestra bastante irritado. "Estoy haciendo lo que puedo, le dice, pero realmente tengo que luchar con un material muy difícil." El mal sería el material intratable por Dios y el bien sería la bondad. Pero el bien, a la larga, estaría destinado a triunfar y está triunfando. No sé si creemos en el progreso; yo creo que sí, al menos en la forma de la espiral de Goethe: vamos y volvemos, pero en suma estamos mejorando. ¿Cómo podemos hablar así en esta época de tantas crueldades? Sin embargo, ahora se toman prisioneros y se los envía a la cárcel, posiblemente a campos de concentración; pero se toman enemigos. En tiempos de Alejandro de Macedonia lo natural parecía que un ejército victorioso matara a todos los vencidos y que una ciudad vencida fuese arrasada. Quizá intelectualmente estemos mejorando también. Una prueba de ello sería este hecho tan humilde de que nos interese lo que pensaron los cabalistas. Tenemos una inteligencia abierta y estamos listos a estudiar no sólo la inteligencia de otros sino la estupidez de otros, las supersticiones de otros. La cábala no sólo es una pieza de museo, sino una suerte de metáfora del pensamiento.

Querría hablar ahora de uno de los mitos, de una de las leyendas más curiosas de la cábala. La del golem, que inspiró la famosa novela de Meyrink que me inspiró un poema. Dios toma un terrón de tierra (Adán quiere decir tierra roja), le insufla vida y crea a Adán, que para los cabalistas sería el primer golem. Ha sido creado por la palabra divina, por un soplo de vida; y como en la cábala se dice que el nombre de Dios es todo el Pentateuco, salvo que están barajadas las letras, así, si alguien poseyere el nombre de Dios o si alguien llegara al *Tetragrámaton* —el nombre de cuatro letras de Dios— y supiera pronunciarlo correctamente, podría crear un mundo y podría crear un golem también, un hombre.

Las leyendas del golem han sido hermosamente aprovechadas por Gershom Scholem en su libro *El simbolismo de la cábala*, que acabo de leer. Creo que es el libro más claro sobre el tema, porque he comprobado que es casi inútil buscar las fuentes originales. He leído la hermosa y creo que justa traducción (yo no sé hebreo, desde luego) del *Sefer Ietzira* o *Libro de la creación* que ha hecho León Dujovne. He leído una versión del *Zohar* o *Libro del esplendor*. Pero esos libros no fueron escritos para enseñar la cábala, sino para insinuarla; para que un estudiante de la cábala pueda leerlos y sentirse fortalecido por ellos. No dicen toda la verdad: como los tratados publicados y no publicados de Aristóteles.

Volvamos al golem. Se supone que si un rabino aprende o llega a descubrir el secreto nombre de Dios y lo pronuncia sobre una figura humana hecha de arcilla, ésta se anima y se llama golem. En una de las versiones de la leyenda, se inscribe en la frente del golem la palabra *emet*, que significa verdad. El golem crece. Hay un momento en que es tan alto que su dueño no puede alcanzarlo. Le pide que le ate los zapatos. El golem se inclina y el rabino sopla y logra borrarle el aleph o primera letra de *emet*. Queda *met*, muerte. El golem se transforma en polvo.

En otra leyenda un rabino o unos rabinos, unos magos, crean un golem y se lo mandan a otro maestro, que es capaz de hacerlo pero que está más allá de esas vanidades. El rabino le habla y el golem no le contesta porque le están negadas las facultades de hablar y concebir. El rabino sentencia: "Eres un artificio de los magos; vuelve a tu polvo". El golem cae deshecho.

Por último, otra leyenda narrada por Scholem. Muchos discípulos (un solo hombre no puede estudiar y comprender el *Libro de la creación*) logran crear un golem. Nace con un puñal en las manos y les pide a sus creadores que lo maten "porque si yo vivo puedo ser adorado como un ídolo". Para Israel, como para el protestantismo, la idolatría es uno de los máximos pecados. Matan al golem.

He referido algunas leyendas pero quiero volver a lo primero, a esa doctrina que me parece atendible. En cada uno de nosotros hay una partícula de divinidad. Este mundo, evidentemente, no puede ser la obra de un Dios todopoderoso y justo, pero depende de nosotros. Tal es la enseñanza que nos deja la cábala, más allá de ser una curiosidad que estudian historiadores o gramáticos. Como el gran poema de Hugo *Ce que dit la bouche d'ombre*, la cábala enseñó la doctrina que los griegos llamaron *apokatástasis*, según la cual todas las criaturas, incluso Caín y el Demonio volverán, al cabo de largas trasmigraciones, a confundirse con la divinidad de la que alguna vez emergieron.

LA CEGUERA

En el decurso de mis muchas, de mis demasiadas conferencias, he observado que se prefiere lo personal a lo general, lo concreto a lo abstracto. Por consiguiente, empezaré refiriéndome a mi modesta ceguera personal. Modesta, en primer término, porque es ceguera total de un ojo, parcial del otro. Todavía puedo descifrar algunos colores, todavía puedo descifrar el verde y el azul. Hay un color que no me ha sido infiel, el color amarillo. Recuerdo que de chico (si mi hermana está aquí lo recordará también) me demoraba ante unas jaulas del jardín zoológico de Palermo y eran precisamente la jaula del tigre y la del leopardo. Me demoraba ante el oro y el negro del tigre; aún ahora, el amarillo sigue acompañándome.

He escrito un poema que se titula "El oro de los tigres" en que me refiero a esa amistad.

Quiero pasar a un hecho que suele ignorarse y que no sé si es de aplicación general. La gente se imagina al ciego encerrado en un mundo negro. Hay un verso de Shakespeare que justificaría esa opinión: *Looking on darkness which the blind do see*; "mirando la oscuridad que ven los ciegos". Si entendemos negrura por oscuridad, el verso de Shakespeare es falso.

Uno de los colores que los ciegos (o en todo caso este ciego) extrañan es el negro; otro, el rojo. "Le rouge et le noir" son los colores que nos faltan. A mí, que tenía la costumbre de dormir en plena oscuridad, me molestó durante mucho tiempo tener que dormir en este mundo de neblina, de neblina verdosa o azulada y vagamente luminosa que es el mundo del ciego. Hubiera querido reclinarme en la oscuridad, apoyarme en la oscuridad. Al rojo lo veo como un vago marrón. El mundo del ciego no es la noche que la gente supone. En todo caso estoy hablando en mi nombre y en nombre de mi padre y de mi abuela, que murieron ciegos; ciegos, sonrientes y valerosos, como yo también espero morir. Se heredan muchas cosas (la ceguera, por ejemplo), pero no se hereda el valor. Sé que fueron valientes.

LA CEGUERA

El ciego vive en un mundo bastante incómodo, un mundo indefinido, del cual emerge algún color: para mí, todavía el amarillo, todavía el azul (salvo que el azul puede ser verde), todavía el verde (salvo que el verde puede ser azul). El blanco ha desaparecido o se confunde con el gris. En cuanto al rojo, ha desaparecido del todo, pero espero alguna vez (estoy siguiendo un tratamiento) mejorar y poder ver ese gran color, ese color que resplandece en la poesía y que tiene tan lindos nombres en muchos idiomas. Pensemos en *scharlach*, en alemán, en *scarlet*, en inglés, escarlata en español, *écarlate*, en francés. Palabras que parecen dignas de ese gran color. En cambio, "amarillo" suena débil en español; *yellow* en inglés, que se parece tanto a amarillo, creo que en español antiguo era *amariello*.

Yo vivo en ese mundo de colores y quiero contar, ante todo, que si he hablado de mi modesta ceguera personal, lo hice porque no es esa ceguera perfecta en que piensa la gente; y en segundo lugar porque se trata de mí. Mi caso no es especialmente dramático. Es dramático el caso de aquellos que pierden bruscamente la vista: se trata de una fulminación, de un eclipse; pero en el caso mío, ese lento crepúsculo empezó (esa lenta pérdida de la vista) cuando empecé a ver. Se ha extendido desde 1899 sin momentos dramáticos, un lento crepúsculo que duró más de medio siglo.

Para los propósitos de esta conferencia debo buscar un momento patético. Digamos, aquel en que supe que ya había perdido mi vista, mi vista de lector y de escritor. Por qué no fijar la fecha, tan digna de recordación, de 1955. No me refiero a las épicas lluvias de septiembre; me refiero a una circunstancia personal.

He recibido en mi vida muchos inmerecidos honores, pero hay uno que me alegró más que ningún otro: la dirección de la Biblioteca Nacional. Por razones menos literarias que políticas, fui designado por el gobierno de la Revolución Libertadora.

Me vi nombrado director de la Biblioteca y volví a aquella casa de la calle México del barrio de Monserrat, en el Sur, de la que tenía tantos recuerdos. Jamás había soñado con la posibilidad de ser director de la Biblioteca. Yo tenía recuerdos de otro orden. Iba con mi padre, de noche. Mi padre, que era profesor de psicología, pedía algún libro de Bergson o de William James, que eran sus autores preferidos, o de Gustav Spiller. Yo, demasiado tímido para pedir un libro, buscaba algún volumen de la *Enciclopaedia*

Britannica o de las enciclopedias alemanas de Brockhaus o de Meyer. Tomaba un volumen al azar, lo sacaba de los anaqueles laterales, y leía.

Recuerdo una noche en que me vi recompensado porque leí tres artículos: sobre los druidas, sobre los drusos y sobre Dryden, un regalo de las letras *dr*. Otras noches fui menos afortunado. Yo sabía, además, que en esa casa estaba Groussac; hubiera podido conocerlo personalmente, pero yo era entonces, puedo decirlo, muy tímido: casi tan tímido como soy ahora. Entonces creía que la timidez era muy importante y ahora sé que la timidez es uno de los males que uno tiene que tratar de sobrellevar, y que realmente ser muy tímido no es importante, como tantas otras cosas a las que uno les otorga importancia exagerada.

Recibí el nombramiento a fines de 1955; me hice cargo, pregunté el número de volúmenes, me dijeron que era un millón. Averigüé después que eran novecientos mil, una cifra más que suficiente. (Quizá novecientos mil parezca más que un millón: *novecientos mil*; en cambio, un millón se agota enseguida).

Poco a poco fui comprendiendo la extraña ironía de los hechos. Yo siempre me había imaginado el Paraíso bajo la especie de una biblioteca. Otras personas piensan en un jardín, otras pueden pensar en un palacio. Ahí estaba yo. Era, de algún modo, el centro de novecientos mil volúmenes en diversos idiomas. Comprobé que apenas podía descifrar las carátulas y los lomos. Entonces escribí el "Poema de los dones", que empieza: "Nadie rebaje a lágrima o reproche / Esta declaración de la maestría / De Dios que con magnífica ironía / Me dio a la vez los libros y la noche". Esos dos dones que se contradicen: los muchos libros y la noche, la incapacidad de leerlos.

Imaginé autor del poema a Groussac, porque Groussac fue también director de la Biblioteca y también ciego. Groussac fue más valiente que yo; guardó silencio. Pero pensé que, sin duda, había instantes en que nuestras vidas coincidían, ya que los dos habíamos llegado a la ceguera y los dos amábamos los libros. Él había honrado a la literatura con libros muy superiores a los míos. Pero, en fin, los dos éramos hombres de letras y recorríamos la Biblioteca de libros vedados. Casi podríamos decir, para nuestros ojos oscuros, de libros en blanco, de libros sin letras. Escribí sobre la ironía de Dios y al fin me pregunté cuál de los dos había escrito ese poema de un yo plural y de una sola sombra.

Ignoraba entonces que hubo otro director de la Biblioteca, José Mármol, que también fue ciego. Aquí aparece el número tres, que cierra las cosas. Dos es una mera coincidencia; tres, una confirmación. Una confirmación de orden ternario, una confirmación divina o teológica. Mármol fue director de la Biblioteca cuando ésta estaba en la calle Venezuela.

Ahora es costumbre hablar mal de Mármol o no hablar de él. Pero debemos recordar que cuando decimos "el tiempo de Rosas" no pensamos en el admirable libro de Ramos Mejía *Rosas y su tiempo;* pensamos en el tiempo de Rosas que describe esa admirablemente chismosa novela *Amalia*, de José Mármol. Haber legado la imagen de una época a un país no es escasa gloria; ojalá yo pudiera contar con una parecida. La verdad es que siempre, cuando decimos "el tiempo de Rosas", estamos pensando en los mazorqueros que describió Mármol, en las tertulias de Palermo, estamos pensando en las conversaciones de uno de los ministros del tirano y de Soler.

Tenemos, pues, tres personas que recibieron igual destino. Y la alegría de volver al barrio de Monserrat, en el Sur. Para todos los porteños el Sur es, de un modo secreto, el centro secreto de Buenos

Aires. No el otro centro, un poco ostentoso, que mostramos a los turistas (en aquellos tiempos no existía esa publicidad que se llama Barrio de San Telmo). El Sur vendría a ser el modesto centro secreto de Buenos Aires.

Si yo pienso en Buenos Aires, pienso en el Buenos Aires que conocí cuando era chico: de casas bajas, de patios, de zaguanes, de aljibes con una tortuga, de ventanas de reja, y ese Buenos Aires antes era todo Buenos Aires. Ahora sólo se conserva en el barrio Sur; de modo que sentí que volvía al barrio de mis mayores. Cuando comprobé que ahí estaban los libros, que tenía que preguntar a mis amigos el nombre de ellos, recordé una frase de Rudolf Steiner en su libro sobre antroposofía (que fue el nombre que dio a la teosofía). Dijo que cuando algo concluye, debemos pensar que algo comienza. El consejo es saludable, pero es de difícil ejecución, ya que sabemos lo que perdemos, no lo que ganaremos. Tenemos una imagen muy precisa, una imagen a veces desgarrada de lo que hemos perdido, pero ignoramos qué lo puede reemplazar, o suceder.

Tomé una decisión. Me dije: ya que he perdido el querido mundo de las apariencias, debo crear otra cosa: debo crear el futuro, lo que sucede al mundo visible que, de hecho, he perdido. Recordé unos libros que estaban en casa. Yo era profesor de literatura inglesa en nuestra Universidad. ¿Qué podía hacer para enseñar esa casi infinita literatura, esa literatura que sin duda excede el término de la vida de un hombre o de las generaciones? ¿Qué podía hacer en cuatro meses argentinos de fechas patrias y de huelgas?

Hice lo que pude para enseñar el amor a esa literatura y me abstuve, en lo posible, de fechas y de nombres. Vinieron a verme unas alumnas que habían dado examen y lo habían aprobado. (Todas las alumnas pasaban conmigo, siempre traté de no aplazar a nadie; en diez años aplacé a tres alumnos que insistieron en ser aplazados.) A las niñas (serían nueve o diez) les dije: "Tengo una idea, ahora que ustedes han pasado y que yo he cumplido con mi deber de profesor. ¿No sería interesante que emprendiéramos el estudio de un idioma y de una literatura que apenas conocemos?". Me preguntaron cuál era ese idioma y cuál esa literatura. "Bueno, naturalmente el idioma inglés y la literatura inglesa. Vamos a empezar a estudiarlos, ahora que estamos libres de la frivolidad de los exámenes; vamos a empezar por los orígenes."

Recordé que en casa había dos libros que pude recuperar porque los había puesto en el estante más alto, pensando que no iba a precisarlos nunca. Eran el *Anglo-Saxon Reader* de Sweet y la *Crónica anglosajona*. Los dos tenían glosario. Y nos reunimos una mañana en la Biblioteca Nacional.

Pensé: he perdido el mundo visible pero ahora voy a recuperar otro, el mundo de mis lejanos mayores, aquellas tribus, aquellos hombres que atravesaron a remo los tempestuosos mares del Norte y que desde Dinamarca, desde Alemania y desde los Países Bajos conquistaron a Inglaterra; que se llama Inglaterra por ellos, ya que *Engaland*, "tierra de los anglos", antes se llamaba "tierra de los britanos", que eran celtas.

Era un sábado por la mañana, nos reunimos en el despacho de Groussac, y empezamos a leer. Hubo una circunstancia que nos alegró y que nos mortificó pero que al mismo tiempo nos llenó de cierta vanidad. Fue el hecho de que los sajones, como los escandinavos, usaban dos letras rúnicas para significar los dos sonidos de la *th*, el de *thing* y el de *the*. Eso confería a la página un aire misterioso. Las hice dibujar en un pizarrón.

Bien: nos encontramos con un idioma que nos pareció distinto del inglés, parecido al alemán. Ocurrió lo que siempre ocurre cuando se estudia un idioma. Cada una de las palabras resalta como si estuviera grabada, como si fuera un talismán. Por eso los versos en un idioma extranjero tienen un prestigio que no tienen en el idioma propio, porque se oye, porque se ve cada una de las palabras: pensamos en la belleza, en la fuerza, o simplemente en lo extraño de ellas. Tuvimos buena suerte esa mañana. Descubrimos la frase, "Julio César fue de los romanos el primero que buscó a Inglaterra". Encontrarnos con los romanos en un texto del Norte, nos conmovió. Recuerden ustedes que no sabíamos nada del idioma, que lo leíamos con lupa, que cada palabra era una suerte de talismán que recobrábamos. Encontramos dos palabras. Con esas dos palabras estuvimos casi ebrios; es verdad que yo era viejo y ellas eran jóvenes (parece que son épocas aptas para la embriaguez). Yo pensaba: "Estoy volviendo al idioma que hablaban mis mayores hace cincuenta generaciones; estoy volviendo a ese idioma, estoy recuperándolo. No es la primera vez que lo uso; cuando yo tenía otros nombres, yo hablé este idioma". Esas dos palabras fueron el nombre de Londres; *Lundenburh*, *Londresburgo*, y el nombre de Roma, que nos emocionó más aún, por pensar en la luz de Roma que había caído sobre esas islas boreales perdidas, la *Romeburh*, la *Romaburgo*. Creo que salimos a la calle gritando *Lundenburh, Romeburh*...

Así empezó el estudio del anglosajón, al que me llevó la ceguera. Y ahora tengo la memoria llena de versos elegíacos, épicos, anglosajones.

Había reemplazado el mundo visible por el mundo auditivo del idioma anglosajón. Después pasé a ese otro mundo, más rico y posterior, de la literatura escandinava: pasé a las eddas y a las sagas. Luego escribí *Antiguas literaturas germánicas*, escribí muchos poemas basados en esos temas y sobre todo gocé de esas literaturas. Y ahora tengo en preparación un libro sobre literatura escandinava.

No permití que la ceguera me acobardara. Además mi editor me dio una excelente noticia: me dijo que si yo le entregaba treinta poemas por año, él podía publicar un libro. Treinta poemas significan una disciplina, sobre todo cuando uno tiene que dictar cada línea; pero, al mismo tiempo, la suficiente libertad, ya que es imposible que en un año no le ocurran a uno treinta ocasiones de poesía. La ceguera no ha sido para mí una desdicha total, no se la debe ver de un modo patético. Debe verse como un modo de vida: es uno de los estilos de vida de los hombres.

LA CEGUERA

Ser ciego tiene sus ventajas. Yo le debo a la sombra algunos dones: le debo el anglosajón, mi escaso conocimiento del islandés, el goce de tantas líneas, de tantos versos, de tantos poemas, y de haber escrito otro libro, titulado con cierta falsedad, con cierta jactancia, *Elogio de la sombra.*

Quiero hablar ahora de otros casos, de casos ilustres. Vamos a empezar por ese muy evidente ejemplo de la amistad, de la poesía, de la ceguera; por quien ha sido considerado el más alto de los poetas: Homero. (Sabemos de otro poeta griego ciego, Tamiris, cuya obra se ha perdido, y lo sabemos principalmente por una referencia de Milton, otro ilustre ciego. Tamiris fue vencido en un certamen por las musas, quienes rompieron su lira y le quitaron la vista.)

Existe una hipótesis muy curiosa, que no creo que sea histórica, pero que es intelectualmente agradable, de Oscar Wilde. En general, los escritores tratan de que lo que dicen parezca profundo; Wilde era un hombre profundo que trataba de parecer frívolo. Sin embargo, quería que lo imagináramos como un conversador, quería que pensáramos en él como Platón pensaba en la poesía, "esa cosa liviana, alada y sagrada". Pues bien, esa cosa liviana, alada y sagrada que fue Oscar Wilde, dijo que la Antigüedad había representado a Homero como un poeta ciego, y que había procedido deliberadamente.

No sabemos si Homero existió. El hecho de que siete ciudades se disputaran su nombre basta para hacernos dudar de su historicidad. Quizá no hubo un Homero, hubo muchos griegos que ocultamos bajo el nombre de Homero. Las tradiciones son unánimes en mostrarnos un poeta ciego; sin embargo, la poesía de Homero es visual, muchas veces espléndidamente visual; como lo fue, en menor grado desde luego, la poesía de Oscar Wilde.

Wilde se dio cuenta de que su poesía era demasiado visual y quiso curarse de ese defecto: quiso hacer poesía que fuera también auditiva, musical, digamos como la poesía de Tennyson o de Verlaine, a quienes él quería y admiraba tanto. Wilde se dijo: "Los griegos sostuvieron que Homero era ciego para significar que la poesía no debe ser visual, que su deber es ser auditiva". De ahí el *de la musique avant toute chose* de Verlaine, de ahí el simbolismo contemporáneo de Wilde.

Podemos pensar que Homero no existió pero que a los griegos les gustaba imaginarlo ciego para insistir en el hecho de que la poesía es ante todo música, que la poesía es ante todo la lira, y que lo visual puede existir o no existir en un poeta. Yo sé de grandes poetas visuales y sé de grandes poetas que no son visuales: poetas intelectuales, mentales, no hay por qué mencionar nombres.

Pasemos al ejemplo de Milton. La ceguera de Milton fue voluntaria. Supo desde el principio que iba a ser un gran poeta. Esto le ocurrió a otros poetas. Coleridge y De Quincey, antes de haber escrito una sola línea, sabían que su destino sería literario; yo también, si es que puedo mencionarme. Siempre he sentido que mi destino era, ante todo, un destino literario; es decir, que me sucederían muchas cosas malas y algunas cosas buenas. Pero siempre supe que todo eso, a la larga, se convertiría en palabras, sobre todo las cosas malas, ya que la felicidad no necesita ser transmutada: la felicidad es su propio fin.

Volvamos a Milton. Gastó su vista escribiendo folletos en defensa de la ejecución del rey por el Parlamento. Dice Milton que la perdió voluntariamente, defendiendo la libertad; habla de esa noble tarea y no se queja de estar ciego: piensa que ha sacrificado su vista voluntariamente y recuerda su primer deseo, el de ser un poeta. Se ha descubierto en la Universidad de Cambridge un manuscrito en el cual hay muchos temas que Milton se había propuesto, cuando era joven, para la ejecución de un gran poema.

"Quiero legar algo a las generaciones venideras que éstas no dejen caer fácilmente", declara. Ya había anotado unos diez o quince temas, entre ellos uno que escribió sin saber que lo hacía de modo profético. Ese tema era Sansón. Él no sabía por entonces que su destino sería de algún modo el de Sansón, y que Sansón, así como profetizó a Cristo en el Antiguo Testamento, lo profetizó a él con más precisión. Una vez que se supo ciego, emprendió dos obras históricas: una *Historia de Moscovia* y una *Historia de Inglaterra*, que quedaron inconclusas. Y luego el largo poema *El Paraíso perdido*. Buscó un tema que pudiera interesar a todos los hombres y no solamente a los ingleses. Ese tema fue Adán, nuestro padre común.

Pasaba buena parte de su tiempo solo, componía versos y su memoria se había acrecentado. Podía tener cuarenta o cincuenta endecasílabos blancos en la memoria y luego los dictaba a quienes venían a visitarlo. Así compuso el poema. Recordó y pensó en el destino de Sansón, tan parecido al suyo, porque ya Cromwell había muerto y había llegado la hora de la Restauración. Milton fue perseguido y pudo ser condenado a muerte por haber justificado la ejecución del rey. Pero Carlos II —hijo de Carlos I "El Ejecutado"—, cuando le trajeron la lista de los condenados a muerte, tomó la pluma y dijo, no sin nobleza: "Hay algo en mi mano derecha que se niega a firmar una sentencia de muerte". Milton se salvó, y muchos otros con él.

Escribió entonces el *Samson Agonistes*. Quiso hacer una tragedia griega. La acción ocurre en un día, el último día de Sansón, y Milton pensó en el parecido de los destinos, ya que él, como Sansón había sido el hombre fuerte finalmente vencido. Estaba ciego. Y escribió aquellos versos que siempre, según Landor, suelen puntuarse mal, y que realmente tendrían que ser: *Eyeless, in Gaza, at the mill, with the slaves:* "Ciego, en Gaza (Gaza es una ciudad filistea, una ciudad enemiga), en la noria, con los esclavos". Es como si las desdichas fueran acumulándose sobre Sansón.

Milton tiene un soneto en el que habla de su ceguera. Hay una línea que se ve que está escrita por un ciego. Cuando tiene que describir el mundo, dice: *In this dark world and wide*, "En este mundo oscuro y ancho", que es precisamente el mundo de los ciegos cuando están solos, porque caminan buscando apoyo con las manos extendidas. Aquí tenemos un ejemplo (mucho más importante que el mío) de un hombre que se sobrepone a la ceguera y que ejecuta su obra: *El Paraíso perdido*, *El Paraíso recuperado*, *Samson Agonistes*, los mejores sonetos que escribió, parte de la *Historia de Inglaterra*, desde los orígenes hasta la conquista normanda. Todo lo ejecuta siendo ciego y teniendo que dictarlo a gente casual.

El bostoniano y aristocrático Prescott fue ayudado por su mujer. Un accidente, cuando era estudiante de Harvard, le hizo perder un ojo y quedar casi ciego del otro. Decidió que su vida estaría dedicada a la literatura. Estudió, aprendió las literaturas de Inglaterra, Francia, Italia, España. La España imperial le hizo dar con su mundo, el que convenía a su rígido rechazo de los días republicanos. De erudito se convirtió en escritor, y a su mujer, que le leía, le dictó las historias de la conquista de México y del Perú, del reinado de los Reyes Católicos y de Felipe II. Fue una tarea feliz, casi impecable, que le demandó más de veinte años.

Hay dos ejemplos que están más cerca de nosotros. Uno ya lo he mencionado, el de Groussac. Groussac ha sido olvidado con injusticia. La gente lo ve ahora como un francés intruso en este país. Se dice que su obra histórica ha caducado, que ahora se dispone de mejor documentación. Pero se olvida que Groussac, como todo escritor, escribió dos obras: una, el tema que se propuso; otra, la manera en que lo ejecutó. Aparte de dejarnos su obra histórica y crítica, Groussac renovó la prosa española. Alfonso Reyes, el mejor prosista de lengua española en cualquier época, me dijo: "Groussac me ha enseñado cómo debe escribirse el español". Groussac se sobrepuso a su ceguera y dejó algunas de las mejores páginas en prosa que se han escrito en nuestro país. Siempre me place recordarlo.

Recordemos otro ejemplo más famoso que el de Groussac. En James Joyce se da también una obra doble. Tenemos esas dos vastas y por qué no decirlo ilegibles novelas que son *Ulises* y *Finnegans Wake*. Pero es la mitad de su obra (que incluye bellos poemas y el admirable *Retrato del artista adolescente*). La otra mitad y quizá la más rescatable —como se dice ahora— es el hecho de que tomó el casi infinito idioma inglés. Ese idioma que estadísticamente supera a todos los demás y que ofrece tantas posibilidades para el escritor, sobre todo de verbos muy concretos, no fue bastante para él. Joyce, el irlandés, recordó que Dublín había sido fundado por los vikingos daneses. Estudió noruego, le escribió una carta en noruego a Ibsen, y luego estudió griego, latín... Supo todos los idiomas y escribió en un idioma inventado por él, un idioma que es difícilmente comprensible pero que se distingue por una música extraña. Joyce trajo una música nueva al inglés. Y dijo valerosamente (y mendazmente) que "de todas las cosas que me han sucedido creo que la menos importante es la de haberme quedado ciego". Ha dejado parte de su vasta obra ejecutada en la sombra: puliendo las frases en su memoria, trabajando a veces una sola frase durante todo un día y luego escribiéndola y corrigiéndola. Todo en medio de la ceguera o de períodos de ceguera. Análogamente, la impotencia de Boileau, de Swift, de Kant, de Ruskin y de George Moore fue un melancólico instrumento para la buena ejecución de su obra; lo mismo cabe afirmar de la perversión, cuyos beneficiarios, ahora, se encargan de que nadie ignore sus nombres. Demócrito de Abdera se arrancó los ojos en un jardín para que el espectáculo de la realidad exterior no lo distrajera; Orígenes se castró.

He enumerado suficientes ejemplos; algunos tan ilustres que me da vergüenza haber hablado de mi caso personal; salvo por el hecho de que la gente siempre espera confidencias y yo no tengo por qué negarle las mías. Aunque, desde luego, parece absurdo poner mi nombre junto a los nombres que he tenido ocasión de recordar.

He dicho que la ceguera es un modo de vida, un modo de vida que no es enteramente desdichado. Recordemos aquellos versos del mayor poeta español, fray Luis de León.

> *Vivir quiero conmigo,*
> *gozar quiero del bien que debo al cielo,*
> *a solas sin testigo,*
> *libre de amor, de celo,*
> *de odio, de esperanza, de recelo.*

Edgar Allan Poe sabía de memoria esta estrofa.

Para mí, vivir sin odio es fácil, ya que nunca he sentido odio. Pero vivir sin amor creo que es imposible, felizmente imposible para cada uno de nosotros. Sin embargo, el principio "vivir quiero conmigo / gozar quiero del bien que debo al cielo": si aceptamos que en el bien del cielo puede estar la sombra, entonces, ¿quién vive más consigo mismo? ¿Quién puede explorarse más? ¿Quién puede conocerse más a sí mismo? Según la sentencia socrática, ¿quién puede conocerse más que un ciego?

El escritor vive, la tarea de ser poeta no se cumple en determinado horario. Nadie es poeta de ocho a doce y de dos a seis. Quien es poeta lo es siempre, y se ve asaltado por la poesía continuamente. De igual modo que un pintor, supongo, siente que los colores y las formas están asediándolo. O que un músico siente que el extraño mundo de los sonidos —el mundo más extraño del arte— está siempre buscándolo, que hay melodías y disonancias que lo buscan. Para la tarea del artista, la ceguera no es del todo una desdicha: puede ser un instrumento. Fray Luis de León dedicó una de sus odas más bellas a Francisco Salinas, músico ciego.

Un escritor, o todo hombre, debe pensar que cuanto le ocurre es un instrumento; todas las cosas le han sido dadas para un fin y esto tiene que ser más fuerte en el caso de un artista. Todo lo que le pasa, incluso las humillaciones, los bochornos, las desventuras, todo eso le ha sido dado como arcilla, como material para su arte; tiene que aprovecharlo. Por eso yo hablé en un poema del antiguo alimento de los héroes: la humillación, la desdicha, la discordia. Esas cosas nos fueron dadas para que las transmutemos, para que hagamos de la miserable circunstancia de nuestra vida, cosas eternas o que aspiren a serlo.

Si el ciego piensa así, está salvado. La ceguera es un don. Ya he fatigado a ustedes con los dones que me dio: me dio el anglo-sajón, me dio parcialmente el escandinavo, me dio el conocimiento de una literatura medieval que yo habría ignorado, me dio el haber escrito varios libros, buenos o malos, pero que justifican el momento en que se escribieron. Además, el ciego se siente rodeado por el cariño de todos. La gente siempre siente buena voluntad para un ciego.

Quiero concluir con un verso de Goethe. Mi alemán es deficiente, pero creo poder recuperar sin demasiados errores esas palabras: *Alles Nahe werde fern*, "todo lo cercano se aleja". Goethe lo escribió refiriéndose al crepúsculo de la tarde. Todo lo cercano se aleja, es verdad. Al atardecer, las cosas más cercanas ya se alejan de nuestros ojos, así como el mundo visible se ha alejado de mis ojos, quizá definitivamente.

Goethe pudo referirse no sólo al crepúsculo sino a la vida. Todas las cosas van dejándonos. La vejez tiene que ser la suprema soledad, salvo que la suprema soledad es la muerte. También "todo lo cercano se aleja" se refiere al lento proceso de la ceguera, del cual he querido hablarles esta noche y he querido mostrar que no es una total desventura. Que debe ser un instrumento más entre los muchos, tan extraños, que el destino o el azar nos deparan.

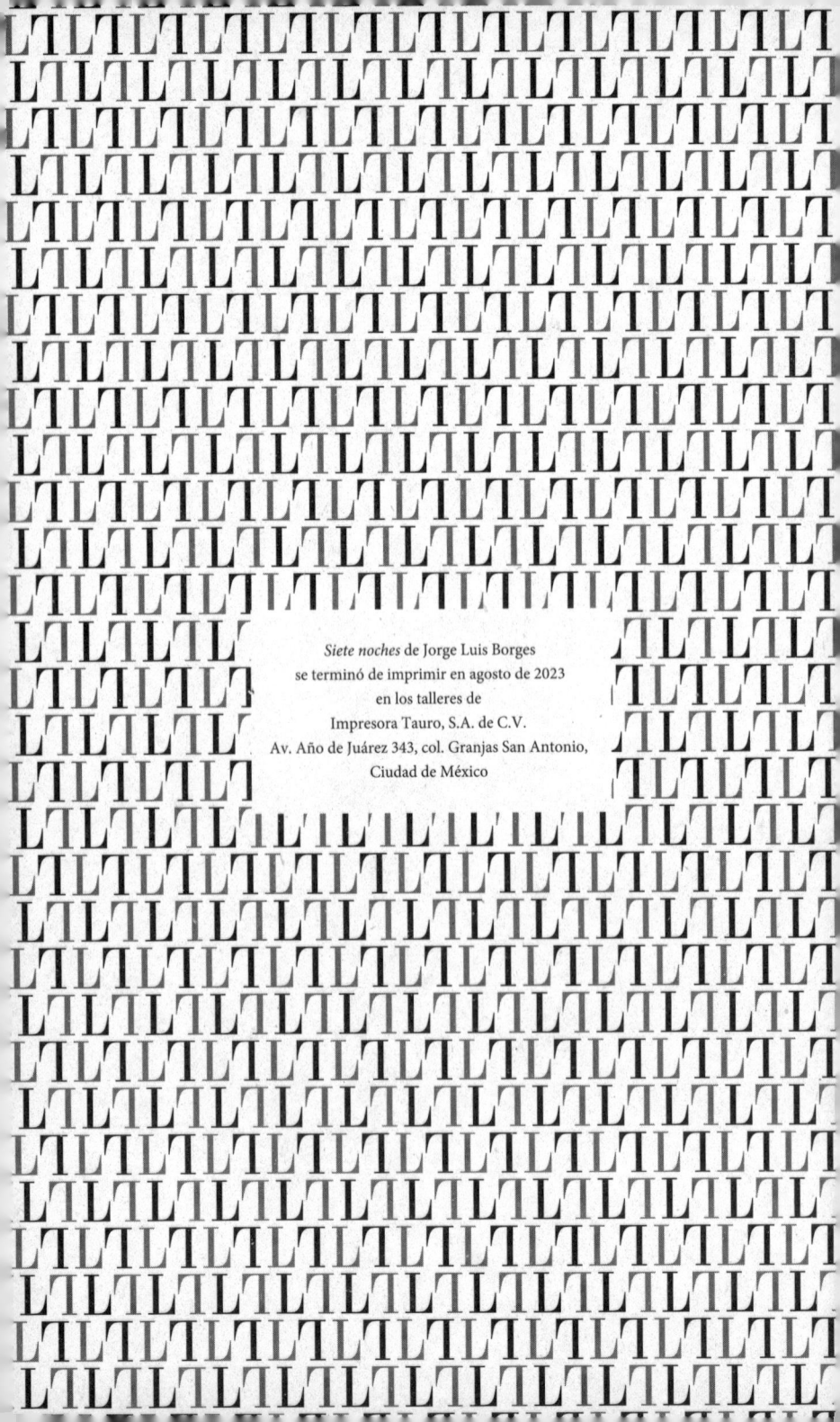

Siete noches de Jorge Luis Borges
se terminó de imprimir en agosto de 2023
en los talleres de
Impresora Tauro, S.A. de C.V.
Av. Año de Juárez 343, col. Granjas San Antonio,
Ciudad de México